RECHERCHES

SUR L'ORIGINE

DES IDÉES.

RECHERCHES

SUR L'ORIGINE

DES IDÉES

Que nous avons de la Beauté & de la Vertu.

EN DEUX TRAITÉS:

Le Premier, *Sur la Beauté, l'Ordre, l'Harmonie & le Dessein* ; Le Second, *Sur le Bien & le Mal Physique & Moral.*

Traduit sur la Quatriéme Edition Angloise.

TOME II.

A AMSTERDAM.

M. DCC. XLIX.

TABLE
DES MATIERES.

SECONDE PARTIE.

TRAITÉ SECOND.

Du *Bien & du Mal, Moral*, Page 1.

SECTION I.

RECHERCHES

SUR L'ORIGINE

DE NOS IDÉES.

II. TRAITÉ.

Du Bien & du Mal moral.

INTRODUCTION.

N entend ici par Bonté morale l'idée de quelque qualité, qui en nous faisant approuver une action, nous porte en même tems à desirer le bonheur de celui qui l'a faite. Le terme

A

de Mal moral défigne au contraire l'*idée*
d'une qualité-oppofée, qui nous force à condamner ou défapprouver toute action dans
laquelle elle fe rencontre. L'Approbation
& le Mépris font vraifemblablement des
idées fimples, dont il eft impoffible de
donner une explication plus ample. Contentons-nous pour le préfent de ces définitions imparfaites, jufqu'à ce que nous
foyons affurés que ces idées exiftent réellement en nous, & que nous ayons découvert le principe fur lequel eft fondée
cette différence des actions, en tant que
moralement bonnes ou mauvaifes.

Ces définitions paroiffent contenir une
différence univerfellement reconnuë entre
le Bien & le Mal moral, & le Bien & le Mal
naturel. Tous ceux qui parlent du *Bien
moral*, conviennent qu'il procure l'approbation & la bienveillance de tout le monde

à ceux qui le possédent ; au lieu qu'il n'en
est pas de même du *Bien naturel.* C'est surtout dans ces sortes d'occasions que les
hommes doivent consulter leur propre
conscience. L'inclination qu'on a pour
ceux en qui l'on reconnoît de l'honneur,
de la bonne foi, de la générosité ou de
l'humanité, est fort différente de celle
qu'on ressent pour ceux qui sont en possession des biens naturels, tels que sont
les maisons, les terres, les jardins, les
vignobles, la santé, la force, la sagesse,
&c. On se sent nécessairement forcé à aimer & à approuver ceux qui possédent
ces qualités rares dont j'ai parlé. Au contraire la possession des biens naturels que
je viens d'indiquer, ne sert assez souvent
qu'à attirer à ceux qui en sont les maîtres
la haine & l'envie des autres hommes, dont
ils croient mériter par là l'approbation &

l'attachement. De même, toute qualité moralement mauvaife, comme la trahifon, la cruauté & l'ingratitude, nous fait haïr & méprifer ceux en qui nous l'appercevons; au lieu que nous avons ordinairement de l'eftime, de l'amour, ou de la compaffion pour la plûpart des perfonnes, que nous voyons expofées à des maux naturels, tels que la douleur, la pauvreté, la faim, la maladie, la mort, &c.

La première queftion à ce fujet confifte à fçavoir d'où naiffent les différentes idées qu'on a des actions.

Comme nous employerons fouvent dans la fuite les termes d'*intérêt*, d'*avantage* & de *Bien naturel*, il eft à propos d'en fixer ici les idées. Le plaifir qui accompagne en général les Perceptions fenfibles, nous préfente la première idée du *Bien naturel*, ou du *Bonheur*; & l'on donne l'épithéte de *Bons* à tous les objets qui font propres à exciter en nous ce plaifir. Ceux qui peuvent nous en procurer d'autres agréables, font appellés *avantageux* ; & nous recherchons les uns & les autres ou par *intérêt*, ou par *amour propre.*

Le fentiment que nous avons du *Plaifir* eft antérieur à ce qu'on appelle *avantage* ou *intérêt* ; il eft même le fondement de l'un & de l'autre. Nous n'appercevons point le plaifir dans les objets, parce que notre intérêt nous y porte : mais les objets ou les actions nous paroiffent *avantageufes,* & nous les recherchons par intérêt, à caufe du *Plaifir* qui nous en revient. La Perception que nous avons du plaifir eft abfolument néceffaire ; & nous ne trouvons *avantageux* ou *naturellement bon*, que ce qui eft capable de nous procurer ce plaifir, foit *médiatement*, foit *immédiatement.*

A iij

On dit qu'on recherche par *amour propre* les objets que le Sentiment ou la Raifon nous a fait trouver *immédiatement* ou *médiatement avantageux*, ou propres à nous procurer du plaifir, lorfque dans nos recherches nous nous propofons pour but le plaifir que ces objets ont le pouvoir d'exciter en nous. Par exemple, nous découvrons par les Sens la *bonté immédiate* des viandes, des liqueurs, de l'harmonie, d'une belle perfpective, d'un tableau, d'une ftatuë, &c, & par la *Raifon*, celle des *Richeſſes* & de l'*Autorité* : c'eſt-à-dire, que la Raifon nous apprend qu'elles font propres à nous procurer les objets dont nous recevons un plaifir immédiat. Ainfi nous recherchons ces deux fortes de biens naturels par *intérêt* & par *amour propre*.

Opinions touchant le sentiment que nous avons du Bien & du Mal moral.

La plûpart des Moralistes modernes avancent comme une doctrine incontestable, » Que toutes les Qualités morales » ont un rapport nécessaire à la volon- » té d'un Supérieur assez puissant pour » nous rendre heureux ou malheureux. « Et comme toutes les Loix ont pour base l'espérance des *récompenses* ou la crainte des *châtimens* qui nous portent à l'obéissance par des motifs d'intérêt, ils supposent, » Que c'est ainsi que les Loix per- » mettent certaines actions, comme *mé-* » *diatement bonnes* ou *avantageuses*, & en » défendent quelques autres comme abso- » lument mauvaises. « Ils disent, il est vrai, » Que par la Loi un Législateur » bienfaisant ne constitue point d'actions

» avantageuſes à l'Agent, mais ſeulement
» celles qui par leur nature tendent au
» bien naturel du Tout, ou qui du moins
» ne ſont point incompatibles avec lui. «
Ainſi, ſelon eux, nous louons la vertu
des autres, à cauſe qu'elle contribue en
quelque ſorte à notre bonheur, ſoit par
elle-même ou par cette conſidération générale. Que l'obéiſſance qu'on rend au
Légiſlateur, eſt en général avantageuſe
au Tout, & à nous-mêmes en particulier.
De même, & par des raiſons contraires,
nous condamnons, diſent-ils, le vice d'autrui, c'eſt-à-dire, l'action que la Loi défend, parce qu'elle nous cauſe en quelque
ſorte du dommage. Ils ſoutiennent encore,
» Que nous n'obéiſſons aux Loix que par
» des motifs intéreſſés, c'eſt-à-dire, dans
» la vûe d'obtenir le *Bien naturel* qui réſulte
» de l'action preſcrite, ou la récompenſe

» que la Loi promet ; ou pour éviter le
» Mal naturel qui est la suite de notre
» désobéissance, ou pour le moins les
» peines que la Loi inflige. «

Quelques autres Moralistes supposent
» Une bonté naturelle immédiate dans les
» actions appellées vertueuses, c'est-à-dire,
» que nous sommes déterminés à apper-
» cevoir quelque *Beauté* dans les actions
» des autres, & à aimer ceux qui les
» font, sans aucun égard à l'utilité qui
» peut nous en revenir : Que nous goûtons
» un plaisir secret à faire des actions ver-
» tueuses, lors même que nous n'espérons
» en retirer aucun avantage. « Mais ils
avancent en même tems, » Que nous
» sommes excités à ces sortes d'actions,
» lors même que nous recherchons des
» tableaux, des statuës, des païsages,
» par l'amour propre qui nous y porte ;

» c'eſt-à-dire, dans la vûe d'obtenir le
» plaiſir qui naît de la réflexion que nous
» faiſons ſur ces actions, ou tel autre
» avantage futur. « J'examinerai dans les
Sections ſuivantes tout ce qui concerne
cette matiére ; & peut-être prouverai-je
par de bonnes raiſons,

1°. Que les hommes trouvent une *Bonté
immédiate* en quelques actions ; ou que par
un Sentiment ſupérieur, auquel je donne
le nom de Moral, nous approuvons les
actions de nos ſemblables, & ſommes déterminés à aimer ceux qui les font en vûe
de la perfection qu'elles leur procurent :
que nous avons une ſemblable Perception
en réflechiſſant ſur nos propres actions,
ſans aucun égard à l'avantage naturel qui
nous en revient.

2°. Je prouverai peut-être encore que
l'*affection*, le *deſir* ou l'*intention*, qui fait

approuver les actions produites par ce motif, est indépendante de ce plaisir sensible qui peut nous en revenir, des récompenses que les Loix ont établies, ou de tel autre *Bien naturel* qui peut résulter de l'action vertueuse, & qu'elle est au contraire fondée sur un principe tout-à-fait différent de l'amour propre ou du desir de notre utilité particuliére.

SECTION I.

Du Sentiment moral, par lequel on apperçoit la Vertu & le Vice, & on les approuve ou désapprouve dans les autres.

Différentes idées du Bien naturel & du Bien moral.

I. IL ne sera pas difficile de se convaincre que les Perceptions du Bien & du Mal moral, sont tout-à-fait différentes de celles du Bien naturel, si l'on réflechit sur les différentes maniéres dont ces objets nous affectent. Si le Sentiment que nous avons du *Bien* n'étoit absolument distinct de l'avantage ou de l'intérêt qui résulte des Sens extérieurs & des Perceptions de la Beauté & de l'Harmonie, nous aurions les mêmes sentimens & les mêmes

affections pour un champ fertile, ou pour
une maison commode, que pour un ami
génereux, ou telle autre personne d'un
caractére noble, puisque l'un & l'autre
nous sont également avantageux. Nous
n'admirerions & n'aimerions pas plus une
personne qui a vécu dans un pays ou dans
un siécle éloigné du nôtre, & dont l'influence ne sçauroit s'étendre jusqu'à nous,
que nous aimons les montagnes du Perou,
tant que nous ne sommes point intéressés
dans le commerce d'Espagne. Nous aurions les mêmes sentimens & la même inclination pour les Etres inanimés que pour
ceux qui sont raisonnables; au lieu que
nous éprouvons tout le contraire. Pourquoi chérir en effet des Etres sans vie,
qui n'ont & ne peuvent avoir aucune
bonne intention, ni pour nous, ni pour
aucune autre personne? Leur nature, il

est vrai, les rend propres à notre usage: mais cela se fait sans qu'ils le sçachent & sans qu'ils ayent dessein de contribuer en rien à notre utilité. Il n'en est pas de même des Agents raisonnables ; ils travaillent pour l'intérêt & pour le bonheur des autres Etres avec lesquels ils sont liés.

Nous sommes donc convaincus de la différence qui se trouve entre cette *Approbation* ou Perception de l'*Excellence morale* que nous attribuons par un esprit de *Bienveillance* à ceux en qui nous croyons l'appercevoir ; & l'opinion de la *Bonté naturelle* qui nous porte à desirer l'objet qui la posséde. Or d'où peut venir cette différence, si l'approbation que nous donnons à ce qui est bon, & si le sentiment que nous en avons n'est fondé que sur l'avantage que nous espérons en tirer? Les objets

inanimés ne nous font-ils pas auſſi avantageux que les perſonnes de qui nous recevons tous les jours des preuves de leur
amitié & de leur bienveillance par leurs
bons offices ? Les eſtimerons-nous les uns
& les autres par un eſprit de tendreſſe,
ou ſeulement en vûe de l'utilité qui peut
nous en revenir ? Non ſans doute ; &
voici pourquoi. » C'eſt que dans l'affec-
» tion que nous reſſentons pour les Etres
» raiſonnables, nous avons une Percep-
» tion diſtincte de la *Beauté* ou de l'*Excel-*
» *lence*, qui nous porte à admirer & à ai-
» mer ces ſortes de caractéres & de per-
» ſonnes. «

Dans les Actions qui nous concernent.

Suppoſons que nous tirions les mêmes
ſervices de deux hommes, dont l'un agit
par inclination pour nous, & dans la vûë

de nous rendre parfaitement heureux; l'autre, par des motifs intéressés ou par contrainte. Il est certain que dans ce cas ils nous font tous deux également utiles : cependant nous ne pouvons nous empêcher d'avoir pour l'un & pour l'autre des sentimens fort différens. Il faut donc que nous ayons d'autres Perceptions des *Actions morales* que celles qui font fondées fur l'intérêt. Or on peut donner à cette faculté de recevoir ces fortes de Perceptions, le nom de SENTIMENT MORAL, puisqu'il est conforme à la définition que nous avons apportée de cette faculté, fçavoir, que c'eft *une Détermination de l'esprit à recevoir toutes fortes d'idées à l'occasion des objets qui fe préfentent* à nous, entiérement indépendante de notre volonté. *

* Voyez la Préface.

Du

Du *Mal naturel* & *du Mal moral.*

On peut encore prouver ce que je viens de dire par les idées que nous avons du *Mal* qu'un *Agent raisonnable* nous fait à dessein. Le sentiment qu'on a du *Bien* & du *Mal naturel*, devroit nous faire recevoir un *affront*, un *soufflet*, une *injure* de la part d'un *Voisin*, une *friponnerie* de la part d'un *Associé* ou d'un *Dépositaire*, avec le même sang-froid & la même tranquillité que le mal que nous cause la chute d'une *tuile*, d'une *poutre* ou une *tempête*, & exciter en nous les mêmes affections & les mêmes sentimens dans l'une & dans l'autre occasion. L'*infamie*, la *trahison* & la *cruauté* devroient faire la même impression sur nous que la *broüine*, le *serein* ou une *inondation*. Mais je suis persuadé qu'on se sent affecté très-différemment dans ces sortes d'occaſions, quoique le mal qui en revient ſoit égal. Au reſte, les actions les plus in-différentes peuvent exciter la colére & l'indignation la plus forte , lorſqu'elles partent d'une haine impuiſſante ou d'un mépris. Au contraire, l'intervention des idées morales ſuffit pour nous empêcher de condamner l'Agent, ou de regarder comme moralement mauvaiſe l'action qui nous cauſe le *mal naturel* le plus grand. C'eſt ainſi que l'opinion qu'on a de la *juſtice* d'une ſentence, bannit toute idée de *Mal moral* dans ſon exécution, auſſi bien que la haine qu'on pourroit avoir pour le Magiſtrat qui eſt la cauſe immé-diate de nos ſouffrances.

Dans les Actions qui concernent les autres.

II. On remarque, il eſt vrai, dans les ſentimens que nous avons des actions qui

nous affectent, un mélange des idées du
Bien naturel & du *Bien moral*, qu'on ne
peut féparer qu'à l'aide de quelqu'attention. Mais lorſqu'on réflechit ſur les actions qui ne concernent que le prochain,
on n'apperçoit pas que les *idées morales* ſe
trouvent mêlées avec celles du *Bien* ou
du *Mal naturel*. En effet, on doit obſerver
que les Sens, par le canal deſquels nous
goûtons du plaiſir dans les objets naturels,
& qui nous les font regarder comme avantageux, ne ſçauroient jamais exciter en
nous aucun deſir du *Bien public*, mais feulement de celui qui nous concerne & qui
nous eſt particulier. Ils ne peuvent de
même nous faire approuver une action
purement à cauſe qu'elle contribue au
bonheur des autres. Cependant il fuffit
qu'une action parte d'un principe d'*amour*,
d'*humanité*, de *reconnoiſſance*, de *compaſſion*,

& d'un defir de procurer le bonheur & la
fatisfaction d'autrui ; pour que nous l'ad-
mirions , & que nous eftimions celui qui
l'a faite , quand même elle fe feroit paffée
dans un pays ou dans un fiécle fort éloigné de celui où nous vivons. Au contraire,
une action qui procéde d'une mauvaife
volonté, d'un defir de rendre les autres
malheureux, fans qu'il en revienne aucun
avantage confidérable au Public, ou qui
vient d'ingratitude, excite en nous de
l'horreur & de l'averfion pour celui qui
en eft l'Auteur.

J'avoue que nous n'approuvons ordinairement les actions des autres que dans
la fuppofition qu'elles tendent au Bien naturel du genre humain ou de quelqu'une
de fes parties. Mais d'où naît cette liaifon
fecrette entre chaque particulier & le
génre humain ? Comment mon intérêt

propre se trouve-t-il lié avec celui de ses parties les plus éloignées ? Car je ne puis m'empêcher d'admirer les actions qui témoignent de la bonne volonté pour elles, & d'aimer leur Auteur. D'où procéde cet *amour*, cette *compassion*, cette *indignation*, cette *haine* que l'on conçoit pour des caractéres feints & imaginaires, malgré l'éloignement des siécles & des pays, selon qu'ils paroissent *bienfaisans*, *fidéles*, *compatissans*, ou d'une disposition opposée ? Si la *Beauté* des actions qui partent d'un principe de bienveillance n'est fondée sur aucun *Sentiment moral* ; si l'approbation que nous leur donnons ne procéde que d'un principe d'intérêt,

Quel intérêt commun partage Hécube & nous * ?

* *What's Hecuba to us, or vve to Hecuba.* Tragédie de Hamlet.

Les Idées morales n'ont point l'intérêt pour principe.

III. Quelques-uns de ceux qui ont le plus rafiné fur l'*Amour propre*, diront peut-être que nous n'approuvons ou blâmons les *Caractéres* dont on vient de parler, qu'à proportion de l'utilité ou du dommage que nous concevons qui eût pû nous en revenir, s'ils avoient exifté de notre tems. Mais il n'eft pas difficile de réfuter ce fentiment, fi l'on confidére qu'en n'attachant aucune idée de *Bonté morale* à l'humanité, à la *pitié*, à la *bonne-foi*, ce même *Amour propre* joint au fentiment que nous avons du *Bien naturel*, devroit toujours nous déterminer pour le parti victorieux & nous faire admirer & aimer les *Tyrans* & les *Traîtres* dont les entreprifes ont un heureux fuccès. Pourquoi n'aimons-nous point le *Sinon* ou le *Pyrrhus* de l'Eneïde ? Le caractére de ces deux perſonnages n'eût pas manqué de nous être infiniment avantageux, ſi nous avions été du nombre des Grecs. Pourquoi ſommes-nous touchés du ſort de *Priam*, de *Polites*, de *Chorœbe* ou d'*Énée* ? L'*économie* d'un Avare n'eſt-elle pas auſſi avantageuſe à ſon héritier, que la *généroſité* d'un homme de mérite à ſon ami ? Ne peut-on pas auſſi aiſément ſe regarder comme l'héritier d'un Avare, que comme le favori d'un Héros ? Pourquoi donc ne les approuvons-nous pas également l'un & l'autre ? C'eſt que nous avons un *Sentiment ſecret* qui détermine notre approbation indépendamment de notre intérêt perſonnel. Sans cela nous nous rangerions toujours du côté que la Fortune favoriſe, ſans aucun égard pour la Vertu, & ſans nous intéreſſer pour elle.

B iiij

Suppofons quelque grand *Ravage* occafionné par un pur hazard, fans que la mauvaife volonté ni la négligence y ayent eu la moindre part. Cet accident eût pû nous être auffi défavantageux que s'il fût parti d'une *Cruauté* ou d'une *Malice* marquée. Cependant on ne fçauroit dire qu'on ait la même idée de l'une & de l'autre, ni les mêmes fentimens pour ceux qui en font les Auteurs. De même une *Simplicité* indolente & facile qui expofe un homme riche à devenir la proie des fripons, peut être auffi avantageufe que la *Générofité* la plus prudente ; cependant on a des fentimens beaucoup plus nobles de ce dernier caractére que de l'autre.

Examinons encore s'il eft poffible d'approuver les actions défavantageufes, & d'y trouver une *Bonté morale.* Suppofons ce qui eft peut être déja arrivé, que quelques

Artifans induftrieux perfécutés dans leur patrie, viennent chercher un azile dans la nôtre, & y apportent avec eux des Arts & des Manufactures capables de faire fub-fifter un million de pauvres, d'enrichir le Public, & de nous rendre formidables à nos voifins. Suppofons encore que chez une Nation peu éloignée de la nôtre, quelques Magiftrats courageux remplis d'amour pour leur patrie, & touchés de compaffion pour leurs concitoyens qu'ils voyoient opprimer, tant à l'égard du corps que de l'ame, par un Tyran & une Inqui-fition encore plus tyrannique, foutiennent avec un courage & une activité infatigable, toujours dirigée par le zéle pour le bien public, une guerre longue & périlleufe contre ces deux Tyrans, & fondent une République pleine de gens induftrieux, qui deviennent nos rivaux, tant à l'égard du commerce que de la puiſſance. Il eſt aiſé d'appercevoir qui des uns & des autres nous a procuré le plus d'avantage. Cependant il ſuffit de conſulter ſa conſcience pour convenir qu'on a une idée beaucoup plus avantageuſe de ces Magiſtrats zélés, dont l'amour pour la patrie a ſi ſouvent été nuiſible à nos intérêts, que de ces Réfugiés, dont l'induſtrie a enrichi notre Nation. On trouvera, je penſe, que cette eſtime a un autre principe que l'intérêt; & on n'aura pas de peine à deviner la raiſon pour laquelle la mémoire de nos Artiſans eſt ſi obſcurcie parmi nous, tandis que celle de nos Rivaux s'eſt acquis l'immortalité.

L'Amour propre n'eſt point le principe de notre Approbation.

IV. Quelques *Moraliſtes* qui aiment

mieux donner toutes sortes de formes différentes à l'*Amour propre*, que d'admettre
aucun autre principe d'approbation que
l'*intérêt*, diront peut être, » Que ce qui
» sert à une partie sans nuire à l'autre, est
» avantageux au *Tout*, & qu'ainsi il en
» résulte quelqu'avantage pour chaque
» *individu* ; que les actions qui tendent
» au *Bien* du *Tout*, quand elles sont géné-
» rales, assurent de plus en plus le bonheur
» de chaque *Particulier* ; & que par consé-
» quent on peut approuver ces sortes d'ac-
» tions, sur l'opinion qu'elles tournent
» enfin à notre propre avantage. «

Nous dispenserons ces sortes de personnes de nous prouver par des conséquences tirées de leur principe, & par
l'influence que les actions qui nous ont
précédés, ont dans certains cas particuliers, que nous tirons quelqu'avantage

dans notre siécle du zéle, par exemple, avec lequel *Oreste* vengea la mort de son pere par celle du traître *Égisthe*, ou du dévouement généreux de *Codrus* & des *Decius*. En supposant même que leur sys-tême eût quelque fondement, il en résul-teroit seulement qu'après une mûre dé-libération & de longs raisonnemens, nous avons lieu de regarder certaines actions comme avantageuses, dès qu'elles méri-tent l'approbation de tous ceux qui en entendent parler ; & cela sous une con-ception tout-à-fait différente.

Supposons que quelqu'un de nos Voya-geurs trouve un trésor dans la Gréce ; on ne peut nier que l'action de l'Avare qui l'a caché, ne soit beaucoup plus utile à ce Voyageur que celles de Codrus ou d'Oreste ; car l'avantage qu'il peut retirer des actions de ces derniers est bien peu considérable , vû les siécles qui se sont écoulés depuis ces évenemens , & le nombre infini de peuples qui y ont eu part. Cet Avare doit certainement paroître un Héros en fait de *Vertu* au Voyageur dont nous parlons ; car l'*intérêt personnel* ne nous fait estimer les hommes, qu'à proportion du *bien* que nous en recevons ; & ne nous donne des idées avantageuses de l'*utilité publique*, que selon la part qui nous en revient. Est-il nécessaire d'être aussi capable de réflexion que *Cumberland* ou *Pufendorf*, pour admirer la *Générosité*, la *Bonne-foi*, l'*Humanité* & la *Reconnoissance* ; ou de raisonner aussi solidement qu'ils peuvent le faire , pour sentir ce que la *Cruauté*, la *Trahison* & l'*Ingratitude* ont de mauvais ? Les Vertus dont je parle n'excitent-elles pas notre admiration, notre *amour* & une secrette envie de les imiter , dès que nous les appercevons, sans qu'il soit besoin d'une plus ample réflexion ; & les qualités opposées notre mépris & notre haine ? Les hommes seroient en vérité fort à plaindre , si le sentiment qu'on a de la Vertu avoit aussi peu d'étendue , que notre capacité pour ces sortes d'idées Métaphysiques.

Le Sentiment moral ne peut être altéré.

V. Le Sentiment moral que nous avons de nos actions , ou de celles des autres a cela de commun avec nos autres Sens , que quoique le désir d'acquérir la vertu puisse être contrebalancé par l'intérêt, le Sentiment ou la Perception de sa Beauté ne sçauroit l'être ; ce qui ne seroit certainement pas, si nous ne l'approuvions qu'en vûe de l'avantage qui peut nous en revenir. Voyons quelle eſt ſon influence ſur nos actions & ſur celles des autres.

Dans le jugement que nous portons de nos propres actions.

Un avare mépriſera une branche du Commerce, quelqu'avantageuſe qu'elle puiſſe être au Public, s'il n'en eſpére aucun profit; dira-t-on pour cela qu'il mépriſe l'intérêt? Qu'on propoſe un gain ſuffiſant: il ſera le premier à y prendre part, & à être pleinement ſatisfait de ſa conduite. Qu'y a-t-il là de commun avec le *Sentiment* que nous avons des *Actions morales?* Que quelqu'un nous conſeille de tromper un Mineur ou un Orphelin, ou de payer d'ingratitude un homme qui nous a comblé de bienfaits; nous ne pou-vons nous empêcher de le regarder avec horreur. Qu'on nous affure que cette conduite nous fera avantageufe, qu'on nous propofe même une récompenfe ; le Sentiment que nous avons de ces actions n'en fera point altéré. Il eft vrai que ces motifs peuvent nous engager à les faire : mais ils n'ont pas plus le pouvoir de nous porter à les approuver qu'un Médecin en a de nous faire trouver du goût à un breuvage défagréable , lors même que nous nous efforçons de le prendre dans la vûe de recouvrer la fanté.

Si nous n'avions aucune autre idée des Actions que celle qui réfulte des avantages ou des incommodités qui y font attachées, fe détermineroit-on à une action dans l'efperance d'en retirer quelque avantage, tandis qu'on eft intimement perfuadé qu'elle eft mauvaife, comme cela n'arrive que trop fouvent dans les affaires humaines ?

humaines ? Seroit-on obligé d'ufer de tant
d'artifices , pour engager un homme à
abandonner uu parti ruiné ? Faudroit-il
employer la torture pour le forcer à ré-
véler le fecret de fes amis ? Eft-il fi difficile de convaincre l'entendement, fi tant
eft que ce foit la feule Faculté à laquelle
on ait à faire, qu'il eft vraifemblablement
plus avantageux de nous affurer d'un bien
préfent , & d'éviter un malheur qui nous
menace en nous attachant au parti qui
domine, que de fonder la poffibilité éloignée d'un bien futur fur une Révolution
fouvent peu probable, quelquefois impoffible ? De même lorfque les hommes font
pleinement convaincus de l'avantage qui
leur revient d'une action, approuvent-ils
toujours leur propre conduite ? Combien
de fois leur arrive-t-il de détefter la vie
dont ils jouiffent, & de rougir de l'avoir

C

conſervée par des actions auſſi honteuſes
à leurs yeux, qu'à ceux des perſonnes qui
en ont profité !

Que ſi quelqu'un eſt ſatisfait de ſa conduite dans un pareil cas, ſur quoi ſa ſatisfaction peut-elle être fondée ? Comment
peut-il approuver ſon action, ou la juſtifier aux yeux d'autrui ? Ce ne ſera jamais en réflechiſſant ſur l'avantage qui
lui en revient, & en l'alléguant comme un motif capable de la rendre excu-
ſable. Ce ſera en prouvant qu'elle eſt
fondée ſur les principes moraux de ſon
parti. Car quel eſt celui qui en manque ?
C'eſt ainſi que les hommes approuvent
leurs actions ſous quelqu'apparence de
Bonté morale tout-à-fait diſtincte de l'utilité qui en réſulte.

Ce Sentiment moral n'est point fondé sur la Religion.

On dira peut-être, » Que les Actions » qu'on appelle bonnes ou vertueuses ont » cet avantage sur toutes les autres que » nous espérons d'en être récompensés par » la Divinité ; & que c'est sur ce principe » qu'est fondée l'approbation que nous » leur donnons, & le motif intéressé qui » nous porte à les faire. « Nous examinerons cette objection dans la suite * : il suffit d'observer pour le présent qu'un grand nombre de personnes ont des idées fort relevées de l'honneur, de la bonne-foi, de la générosité & de la justice, sans connoître la Divinité, & sans attendre aucune récompense de sa part ; comme elles abhorrent la trahison, la cruauté & l'injustice,

* Voyez Section II. Art. 7.

C ij

fans aucun égard au châtiment dont elles peuvent être fuivies.

Au refte, quoique ces récompenfes & ces châtimens puiffent me faire regarder une action comme avantageufe ou nuifible, il ne s'enfuit pas que ce même motif doive me porter à approuver & à aimer celui qui en a fait une femblable, puifque le mérite qui lui en revient ne fçauroit rejaillir fur moi. Ces actions, il eft vrai, font avantageufes à celui qui les fait : mais cet avantage n'a rien de commun avec le mien ; & l'Amour propre ne fçauroit jamais me les faire approuver en tant qu'utiles à d'autres qu'à moi, ou me porter à aimer par ce principe ceux qui en font les Auteurs.

Le Sentiment moral que nous avons des actions des autres ne peut être altéré.

Il me refte à examiner ∞ Si le Sentiment

» que nous avons de la bonté ou de la
» méchanceté morale des actions d'au-
» trui, peut être contrebalancé ou altéré
» par des vûes intéressées. « Je dis que je
puis bien souhaiter qu'un autre fasse une
action que j'abhorre comme moralement
mauvaise, si elle m'est utile. Il peut encore très-bien arriver que l'intérêt con-
trebalance le desir que j'ai qu'un autre soit
vertueux : mais aucun intérêt personnel ne
me fera jamais approuver comme moralement bonne, une action qui, sans ce motif, m'eût paru moralement mauvaise ; si
en appreciant tous ses effets elle me paroît
être aussi avantageuse au Tout, sans qu'elle
le soit pour moi, qu'elle l'étoit dans le tems
que j'espérois en tirer quelqu'avantage.
Notre intérêt ou dommage personnel n'influë pas plus sur le Sentiment que nous
avons du Bien & du Mal moral, & n'a pas

plus de force pour nous faire trouver une action bonne ou mauvaise, que l'avantage ou le désavantage d'un tiers. Il s'enfuit donc que ce Sentiment ne sçauroit être contrebalancé par l'intérêt. Ce seroit une entreprise ridicule de vouloir engager un homme par des récompenses ou par des menaces, à approuver une action directement contraire à ses Notions morales. On peut bien par ce moyen l'obliger à dissimuler ses Sentimens : mais c'est tout.

VI. Un Auteur moderne très-ingénieux * prétend, » Que les Législateurs » n'estiment point sincérement les actions » pareilles à celles de Regulus ou de Dé- » cius : mais qu'ayant observé que les hom- » mes qui ont de pareils sentimens sont » extrêmement propres pour la défense

* Voyez la Fable des Abeilles, pag. 34. & 36. de la troisiéme Édition Angloise.

» des États, ils tâchent par des panégyri-
» ques & des ſtatues d'en exciter de pa-
» reils dans les autres Citoyens. « Mais
voyons d'abord, ſi un Traître qui nous
vend ſa patrie, ne nous eſt pas ſouvent
auſſi utile qu'un Héros qui la défend au
péril de ſes jours. Cependant on aime la
trahiſon, & l'on hait le Traître. On peut
de même louer un Ennemi généreux dans
le tems même qu'il nous cauſe tout le mal
poſſible. Peut-on dire que ces ſentimens
ne partent que de vûes intéreſſées ? Sur ce
principe, à quoi ſervent les ſtatues ou les
panégyriques ? Les hommes, dit-on, ſont
avides de louanges : ils feront des actions
qu'ils croiront propres à leur en procurer.
Chez des hommes qui n'ont d'autre idée
du Bien que l'intérêt perſonnel, les
louanges ne ſont autre choſe que l'opinion qu'une Nation ou un Parti ont d'un

homme, qu'ils jugent pouvoir leur être utile. Ni Regulus, ni Codrus, ni Décius ne tirerent aucun avantage des actions qui furent si utiles à leur patrie, & ne purent par conséquent les admirer, quelques louanges que ceux qui en profiterent leur donnassent. Regulus ou Caton étoient donc incapables de louer ou d'aimer un Héros qui eût fait une action vertueuse dont ils n'eussent tiré aucun honneur ni aucun avantage. Ils devoient même regarder leurs propres actions comme un moyen d'acquérir de l'honneur, sans y rien trouver d'ailleurs qui pût les flatter. Qui pouvoit porter Caton ou Décius à rechercher la louange, si elle ne consistoit que dans l'opinion que les autres avoient que ces hommes étoient utiles à l'État, & s'ils ne trouvoient rien de beau dans leur propre conduite ? Il s'en faut beaucoup

que cela s'accorde avec ce que la derniére
confidération nous apprend de ces fortes
de caractéres.

» Mais, ajoûte cet Auteur *, ces Chefs
» artificieux ont fait croire aux hommes,
» au moyen de leurs Statues & de leurs
» Panégyriques, qu'il y avoit un zéle
» pour le bien public, excellent par lui-
» même ; & par-là ils les ont engagés à
» l'admirer dans les autres, & à l'imiter
» eux-mêmes aux dépens de leur propre
» intérêt. « Tant il lui femble aifé de ne
point juger des autres par foi-même ! Une
perfonne tout-à-fait intéreffée regardera
tous les autres hommes comme parfaitement zélés pour le bien public. Celui
qui ne connoît rien de bon que ce qui
lui eft utile, fe laiffera perfuader d'admettre de la bonté dans ce qui lui eft

* Voyez le paffage cité.

nuifible & avantageux à autrui ; & cela au point de n'approuver une action qu'autant qu'elle eft convaincuë, que cette action procéde d'un zéle défintéreffé pour le bonheur d'autrui ! Il paroît en effet que c'eft-là le fruit que les Panégyriques & les Statues devoient produire.

Nil intra eft oleam, nil extrà eft in nuce duri. *

Rien n'eft plus aifé que d'avancer une opinion : mais c'eft à notre confcience feule qu'il appartient de décider, » Si » certaines actions morales ne paroiffent » pas aimables dès la premiére vûe à ceux » même qui n'y ont aucun intérêt : fi » nous n'aimons & n'approuvons pas avec » la fincérité la plus parfaite un ami ou un » compatriote généreux, dont les actions

* Horat. Ep. 1. lib. 2.

» le comblent d'honneur fans nous pro-
» curer aucun avantage. « Il eft vrai que
les actions que nous louons font utiles au
genre humain, quoique nous n'en reti-
rions fouvent aucune utilité. Il feroit
peut-être de l'intérêt de notre efpéce,
que tous les hommes s'accordaffent à ne
faire que de pareilles actions, afin que
chacun y trouvât fon compte : mais cela
prouve feulement que la raifon & la réflexion peuvent nous faire approuver par
un motif intéreffé les actions que le Sentiment moral qui eft en nous, nous porte
à admirer dès la premiére vûe, indépendamment de cet intérêt. D'ailleurs ce Sentiment peut opérer, lors même que nous
ne fommes point parties intéreffées. Nous
pouvons approuver la juftice d'une Sen-
tence qui nous condamne. Un traître prêt
à fubir le fupplice que mérite fon crime,

peut louer la vigilance avec laquelle Ciceron découvrit les conſpirateurs , quoique c'eût été un avantage pour lui qu'il n'y eût jamais eu au monde un homme doué d'une pareille ſagacité. On dira peut-être qu'il n'approuve une ſemblable conduite que parce qu'elle eſt utile au bien public : mais cette raillerie eſt digne de celui qui n'a d'autre idée du bien que ſon intérêt perſonnel. Un tel homme ne fait aucun cas du zéle qu'on a pour le bien public ; & s'il le deſire, ce n'eſt qu'autant qu'il y trouve ſon compte ; ce qui ne ſçauroit être dans le cas dont il s'agit.

Ni par la Coûtume ni par l'Éducation.

VII. Puiſqu'il réſulte de ce qu'on vient de dire que l'idée favorable que nous nous formons des actions, eſt tout-à-fait indépendante de l'utilité qui peut nous en revenir, on est en droit de conclure, » Que cette Perception du Bien moral » n'est point occasionnée par la Coutume, » l'Éducation, l'Exemple ou l'Étude ; « ces choses ne sçauroient nous donner de nouvelles idées. Elles peuvent bien nous faire appercevoir un avantage particulier dans des actions dont l'utilité nous étoit d'abord inconnuë ; ou nous les faire regarder comme nuisibles, soit par raison, ou par préjugé, quoique nous ne les ayons point trouvées telles dès la premiére vûe : mais elles ne peuvent jamais nous faire envisager une action comme louable ou blâmable sans aucun égard à notre intérêt personnel.

VIII. » Il faut donc que l'Auteur de » la Nature, qui nous a rendus capables » de recevoir de la part des objets par le

» canal des Sens extérieurs des idées agréa-
» bles ou désagréables, selon qu'ils nous
» font utiles ou nuisibles, & de goûter le
» plaisir de la Beauté & de l'Harmonie,
» qui résulte de l'Uniformité de ces objets,
» pour nous porter à l'acquisition des
» Sciences & nous récompenser pour
» cela, ou pour être une preuve de sa
» *Bonté*, de même que l'Uniformité en
» est une de son Éxistence, soit que nous
» y trouvions de la Beauté ou non : il
» faut, dis-je, qu'il nous ait donné un
» Sentiment moral capable de diriger nos
» actions, & de nous procurer des plaisirs
» infiniment plus nobles ; de sorte que
» lorsque nous ne nous proposons que le
» bonheur des autres, nous avançons le
» nôtre sans le sçavoir. «

Ce Sentiment moral ne préſuppoſe aucune Idée ou Propoſition innée.

Ce Sentiment moral, non plus que les autres Sens, ne préſuppoſe ni idée innée, ni connoiſſance, ni propoſition pratique. On n'entend par là qu'une *Détermination de l'eſprit à recevoir les idées ſimples de louange ou de blâme à l'occaſion des actions dont il eſt témoin, antérieure à toute idée d'utilité ou de dommage qui peut nous en revenir.* Tel eſt le plaiſir que nous recevons de la Régularité d'un objet ou de l'Harmonie d'un Concert, ſans avoir aucune connoiſſance des Mathématiques, & ſans entrevoir dans cet objet ou dans cette compoſition aucune utilité différente du plaiſir qu'elle nous procure.

Un exemple mettra le Lecteur plus en état d'appercevoir la différence qu'il y a entre les *Perceptions morales* & les autres espéces de Perceptions. Lorsque nous goûtons un fruit délicieux, cet acte est suivi d'un plaisir sensible : mais lorsqu'un autre le goûte, nous concluons ou jugeons seulement qu'il ressent le même plaisir ; de sorte que faisant abstraction de la bonne ou mauvaise volonté que nous pouvons avoir pour lui, le plaisir qu'il ressent nous est tout-à-fait indifférent, & n'excite en nous aucun nouveau Sentiment, ni aucune affection nouvelle. Lors au contraire que nous sommes d'un tempéramment à faire des actions vertueuses, nous ne goûtons pas toujours le plaisir qui en résulte, & ce n'est pas dans la seule vûe de nous procurer du plaisir que nous les faisons, ainsi qu'on le verra plus bas. Ce n'est que par des actes réfléchis sur notre tempéramment & sur notre conduite que nous goûtons

goûtons le plaisir qui accompagne la Vertu. De même lorsque nous estimons un homme vertueux, nous ne sommes pas toujours nécessités à croire qu'il trouve du plaisir à l'être, quoique nous soyons persuadés qu'il peut en goûter par *réflexion*. D'ailleurs la connoissance que nous avons de ses dispositions vertueuses, excite en nous des sentimens d'estime, d'approbation ou d'admiration, & nous porte de bonne volonté pour lui. La qualité que nous approuvons par un Sentiment moral, est conçuë résider dans la personne à qui nous accordons notre estime ; & nous la regardons comme une perfection & une dignité en elle. Nous n'avons garde de penser que l'approbation que nous donnons à la vertu d'un autre, soit capable de le rendre ou heureux, ou vertueux, ou digne de louange, quoi

D

qu'elle foit accompagnée de quelque plaifir. La vertu n'eft donc appellée *aimable*,
que parce qu'elle attire l'amour & la bienveillance de ceux qui l'apperçoivent, &
non point parce que l'Agent vertueux
apperçoit l'utilité qui lui en revient, ou
defire de la poſſéder dans cette vûe. Si
l'on donne à un tempéramment vertueux
le nom de *Bon* ou de *Béatifique*, ce n'eft
point à cauſe du plaifir que la vertu procure à l'Agent, moins encore à cauſe de
celui qu'elle excite dans la perſonne qui le
contemple : c'eft parce que tout homme eft
perſuadé que la réflexion faite par l'Agent
vertueux fur fon propre tempéramment
lui procure les plaifirs les plus ſenſibles.
La qualité qu'on admire eft regardée
comme la perfection de l'Agent, & comme tout-à-fait diſtincte du plaifir que lui
ou l'Approbateur en retire, quoi qu'elle

ſoit une ſource infaillible de plaiſir pour le premier. La Perception de l'Approbateur, quoi qu'accompagnée de plaiſir, repréſente une choſe abſolument diſtincte de ce plaiſir ; de même que la Perception des *Objets curieux* eſt ſuivie de plaiſir, quoi qu'elle repréſente une choſe tout-à-fait différente. Ce que je viens de dire ſervira à prévenir toutes les chicanes qu'on pourroit faire ſur ce ſujet.

D ij

SECTION II.

Du Motif immédiat des Actions vertueuses.

Le Naturel.

ON comprendra beaucoup mieux les *Motifs* ou les *Causes immédiates* des actions humaines, lorsqu'on sera instruit de la nature des Passions & des Affections. Je me contenterai pour le présent de rechercher le principe des actions qu'on appelle *Vertueuses,* autant qu'il est nécessaire pour établir le fondement général du Sentiment moral.

Les Affections sont les vrais motifs des Actions.

I. Toute action que nous concevons comme *moralement bonne* ou *mauvaise,* est

toujours fuppofée produite par quelque
Affection envers les *Êtres fenfitifs* ; &
tout ce qu'on appelle *Vertu* ou *Vice*,
émane d'une pareille Affection ou de
quelque *Action* faite en conféquence.
Peut-être fuffit-il aufli pour qu'une action
ou une omiffion paroiffe *vicieufe*, qu'elle
parte d'un défaut d'affection envers les
Êtres raifonnables qu'on fuppofe exifter
dans les caractéres qui paffent pour moralement bons. Toutes les Actions qu'on
regarde comme religieufes dans quelque
pays que ce foit, font eftimées émaner
de quelque fentiment envers la Divinité ;
& nous fuppofons toujours que ce qu'on
appelle *Vertu fociale*, a pour principe l'a-
mour de nos femblables. Car tout le monde convient, » Que tout mouvement ex-
» térieur qui n'eft accompagné d'aucun
» fentiment affectueux envers Dieu ou le

D iij

» Prochain, ou qui est indépendant de
» l'affection qu'on doit avoir pour l'un
» & pour l'autre, ne sçauroit être ni
» moralement bon ni moralement mau-
» vais. «

Qu'on demande, par exemple, à l'Her-
mite le plus sobre, si la *Tempérance* peut
être moralement bonne par elle-même,
& en supposant qu'elle ne parte point d'un
motif d'obéissance aux ordres de la Divinité, ou qu'elle ne nous rende pas plus
disposés à la piété, plus propres au service du genre humain, ou à la recherche
de la Vérité, que la Gourmandise : il ré-
pondra certainement, qu'en ces cas elle
ne sçauroit être *un Bien moral*, quoi
qu'elle puisse être naturellement bonne
& avantageuse à la santé. Le *Courage*
proprement dit, ou le mépris des dangers, n'est qu'une vertu d'insensé, lorsqu'il

ne fert ni à défendre l'innocent, ni à ré-
parer le tort qu'on nous fait, foit dans
notre perfonne, foit dans nos biens. Si
on admire quelquefois cette efpéce de
Courage, ce n'eft que relativement à la
bonne intention de celui qui le met en
ufage, ou parce qu'on le regarde comme
une difpofition naturelle qui peut avoir
fon utilité. La *Prudence* ne pafferoit jamais pour une vertu, fi elle ne favorifoit
que notre intérêt perfonnel ; & fi la *Juftice*
ou l'obfervation exacte de l'égalité ne
tendoit au bonheur des hommes, à con-
ferver leurs droits, & à affûrer la paix parmi eux, elle feroit une Qualité beaucoup
plus convenable à la balance fon attribut
ordinaire, qu'à un Être raifonnable. Les
quatre Qualités qu'on appelle communement *Vertus cardinales*, n'ont reçu ce nom
que parce que ce font des difpofitions

D iiij

absolument néceſſaires pour procurer le bien public, & qu'elles marquent une inclination bienfaiſante envers les Êtres raiſonnables ; ſans cela elles ne ſeroient point des vertus.

Affections déſintéreſſées.

II. Au reſte, ſi je viens une fois à bout de prouver qu'aucune des affections que nous approuvons comme vertueuſes, ne part ni d'amour propre, ni du deſir de notre intérêt particulier ; puiſqu'il n'y a de vertu que dans ces ſortes d'affections ou dans les actions qui en réſultent, il s'enſuivra néceſſairement, ,, Que la Vertu ,, émane de toute autre affection que l'a- ,, mour propre ou le deſir de notre intérêt ,, perſonnel ; & que là où ce dernier porte ,, à la même action, on n'approuve ſeule- ,, ment que le principe qui eſt parſaite- ,, ment déſintéreſſé. ,,

Amour de bienveillance, & Haine de mépris.

Les affections les plus importantes dans la Morale, font celles à qui l'on donne les noms d'Amour & de Haine. Il eft inutile d'avertir le Lecteur, que fous le nom d'Amour, je n'entends point comprendre celui qui régne entre les deux fexes, qui, lorfqu'il n'eft accompagné d'aucune autre affection, n'eft qu'un defir du plaifir, qui ne fut jamais regardé comme une vertu. On divife l'Amour que nous portons aux Êtres raifonnables, en Amour de *Complaifance* ou d'*Eftime*, & en Amour de *Bienveillance* ; de même qu'on diftingue la Haine en Haine de *Dédain* ou de *Mépris*, & en Haine de *Malice*. On entend par *Complaifance*, l'eftime que nous faifons d'une perfonne par un Sentiment moral. C'eft plûtôt une Perception qu'une

affection, quoique l'affection de Bienveillance en soit ordinairement la suite. La
Bienveillance est une affection qui nous
porte à desirer le bonheur de notre prochain. On donne aux affections opposées
le nom de *Mépris* & de *Malice*. Nous allons
examiner si elles sont soumises ou non à
l'influence de l'intérêt personnel.

*Ces deux Affections sont entiérement
désintéressées.*

La Complaisance, l'Estime & la Bonne
volonté paroissent désintéressées du premier coup d'œil : il en est de même du
Mépris ou du Dédain. Ces Affections sont
excitées par quelques Qualités morales,
bonnes ou mauvaises que nous découvrons
dans les objets, & que notre naturel nous
porte à approuver ou désapprouver relativement au Sentiment moral, dont on a

parlé plus haut *. Qu'on propose à un homme les plus grandes récompenses, qu'on le menace des châtimens les plus terribles, pour l'engager à accorder son estime à un inconnu, ou à une personne dont il a éprouvé la cruauté, la trahison & l'ingratitude : peut-être pourra-t-on l'obliger par là à lui rendre des devoirs ou des services extérieurs, & à dissimuler ses sentimens ; mais on n'obtiendra jamais de lui une estime réelle. Il en est de même du mépris ; aucun motif intéressé ne sçauroit le contrebalancer. Offrez-lui au contraire un homme généreux, bienfaisant, fidelle & humain : il ne pourra s'empêcher de lui accorder son estime & sa bienveillance en quelque partie du monde qu'il existe. On peut bien nous engager par des présens à travailler à la ruine d'un tel

* Voyez Section I.

homme ; il peut même arriver qu'un motif d'intérêt nous excite à traverser ses vûes & ses desseins : mais il ne nous portera jamais à le blâmer tant que nous aurons la même idée de son caractére & de ses intentions. Je dis plus, nous trouverons en consultant notre cœur, que c'est avec la plus grande peine que nous nous déterminons à lui nuire par un motif intéressé, & que nous ne lui faisons du mal qu'avec la derniére répugnance, à moins que nous ne nous soyons aveuglés sur son compte.

Bienveillance désintéressée.

III. Quant à l'amour de Bienveillance, son nom seul exclut toute vûe d'intérêt personnel. Celui-là ne mérite point le titre de *Bienfaisant*, qui ne fait du bien que dans la seule vûe de son propre intérêt, & dont les actions ne sont point dirigées par l'unique motif de procurer le bien de son prochain. La véritable *Bienveillance* est parfaitement désintéressée; & les actions les plus utiles perdent ce titre glorieux, dès qu'elles ne partent que d'un principe d'amour propre ou d'avantage particulier. Jamais action ne fut plus avantageuse que la découverte du *feu* & du *fer:* cependant elle ne sçauroit mériter le nom de *Bien-faisante,* si elle a été fortuite, ou si en s'y appliquant, celui qui en est l'auteur ne s'est proposé que sa propre utilité. Partout où l'on suppose de la *Bienveillance,* on l'imagine désintéressée & uniquement empressée à procurer le bonheur des autres. Pour sentir de la *Bienveillance* pour un Être sensitif, il suffit de considérer qu'il ne possède aucune qualité nuisible. La *Reconnoissance* naît des bienfaits que nous avons reçus, ou qui ont été répandus sur ceux que nous aimons par un principe de bonne volonté. La *Complaisance* n'eſt qu'une Perception du Sentiment moral. La Reconnoiſſance renferme quelque *Complaiſance* ; & celle-ci produit toujours une *Bienveillance* ſupérieure à celle que nous avons pour des caractéres indiffé-rens, dont les intérêts ne ſont point op-poſés aux nôtres.

L'Amour propre eſt inſéparable
de la Bienveillance.

Il eſt à propos d'obſerver ici, que comme tous les hommes ont de l'*Amour propre* & de la *Bienveillance*, ces deux principes peu-vent concourir conjointement à nous exci-ter à la même action ; & pour lors on doit les conſidérer comme deux Puiſſances qui mettent le même corps en mouvement. Tantôt elles agiſſent de concert : tantôt

elles demeurent en équilibre ; quelquefois
aussi elles sont opposées l'une à l'autre.
Si donc un homme a un degré de Bienveillance assez fort pour produire une action sans aucune vûe d'interêt, & s'il a
aussi son intérêt en vûe en même tems
que le bien public, l'un de ces deux motifs n'ôte rien à la bonté de son action.
Supposons, par exemple, un homme assez
Bienveillant pour agir sans aucune vûe intéressée. Si l'on suppose encore qu'il n'eût
point contribué avec autant de zéle au
bien public, si son intérêt personnel ne
l'y eût engagé, en déduisant l'effet qui
résulte de l'Amour propre, on pourroit
proportionner sa *Bienveillance* à la partie
du *bien*, qui n'a point été fait purement
par ce principe. Lorsque la *Bienveillance*
nuit à celui en qui elle agit, alors l'*Amour
propre* lui est opposé ; & l'on proportionne

la première à la somme du Bien ajoûtée à la résistance de l'*Amour propre* qu'elle a surmontée. Il est impossible de connoître dans une infinité de cas, jusqu'à quel point les hommes sont soumis à l'influence de l'un ou de l'autre de ces deux principes: mais il n'en est pas moins certain que c'est-là la vraie maniére de supputer la *Bienveillance* des actions.

La Bienveillance est désintéressée.

IV. On propose deux façons de déduire la *Bienveillance* de l'*Amour propre*. L'une est de supposer, » Que nous sommes les maî-
» tres d'exciter en nous cette affection,
» toutes les fois que nous croyons qu'il est
» de notre intérêt de l'avoir, soit à cause du
» plaisir dont elle est immédiatement sui-
» vie, soit à cause de la Réflexion agréable
» qu'elle nous fournit, ou enfin à cause
» des

» des avantages qu'elle peut nous procurer
» de la part de Dieu ou de nos semblables. «
L'autre systême n'admet point en nous
cette faculté de nous donner à notre choix
tel desir ou telle affection qu'il nous plaît :
mais il suppose, » que nôtre esprit est dé-
» terminé par sa nature à desirer tout ce
» qu'il croit pouvoir contribuer à son bon-
» heur ; que la vûe de la félicité d'autrui
» est dans plusieurs cas une occasion né-
» cessaire de plaisir pour nous, de même
» que le malheur des autres devient une
» source de chagrin pour celui qui en est
» témoin ; & qu'à peine avons nous obser-
» vé cette connexion, que nous commen-
» çons à desirer le bonheur de nos sembla-
» bles comme l'unique moyen de nous pro-
» curer celui qui résulte de la contempla-
» tion de leur état. « On prétend, » Qu'il
» est impossible de souhaiter le bonheur

» d'autrui, ou de prendre part à quelque
» évenement que ce foit, fans le conce-
» voir comme un moyen propre à contri-
» buer à notre plaifir ou à notre honheur. «
On convient auffi, » Que ce defir ne dé-
» pend point directement de notre volon-
» té ; mais de la réflexion que nous faifons
» que cet objet ou cet évenement contri-
» buera à notre bonheur. «

Réfutation du premier Sentiment.

Il fuffit pour appercevoir la fauffeté du premier Sentiment, de confidérer qu'il ne dépend point directement de nous d'avoir de la Bienveillance, ou telle autre affection pareille ; car fi cela étoit, on pourroit gagner notre affection, & nous la faire accorder indifféremment à toutes fortes d'objets, même à ceux qui la méritent le moins. Nous pourrions de même fous

l'espoir de quelque récompense exciter de
la jalousie, de la crainte, de l'amour & de
la haine envers telle personne qu'il nous
plairoit ; de même que nous engageons un
homme par l'appas du gain à faire certaines actions, ou à dissimuler ses passions :
mais on sentira l'impossibilité de cette
supposition pour peu qu'on fasse usage de
sa raison. Il faut pourtant avouer que la
vûe de certains avantages auxquels nous
croyons pouvoir prétendre, suffit pour
fixer notre attention sur les qualités de
l'objet qui en est la cause ou l'occasion
nécessaire ; de sorte que notre affection
naisse infailliblement à la vûe de ces Qualités. Par exemple, l'espoir de quelqu'avantage peut exciter indirectement notre affection : mais au moins est-il nécessaire que
l'objet posséde les qualités dont on vient
de parler ; sans cela, il n'y a ni volonté, ni

E ij

defir qui puiffe faire naître en nous une Affection femblable.

Il eft même abfolument faux que le defir que nous avons du bonheur de nos femblables, & que nous approuvons comme vertueux, naiffe du plaifir que nous efpérons recevoir de nôtre affection. Il eft évident au contraire que la Bienveillance n'eft pas toujours accompagnée de plaifir, & que dans plufieurs occafions elle eft jointe à beaucoup de chagrins, lorfque l'objet qui l'excite eft dans la peine. Le defir en général eft plûtôt incommode qu'agréable. Il eft vrai que toutes les Paffions & les Affections fe juftifient ; & que tant qu'elles durent, on s'imagine, comme dit Mallebranche, être dans l'état le plus parfait par rapport aux chofes que l'on fent, enforte que l'on blâme ceux qui font autrement affectés dans la même occafion. C'eft ainfi qu'une perfonne chagrine, colére, jaloufe & fenfible approuve fa paffion felon les circonftances : mais il ne s'enfuit pas de là que le chagrin, la colére, la jaloufie ou la pitié foient des paffions agréables, & qu'on s'y livre à caufe du plaifir dont elles font accompagnées. Voici ce qui fe paffe en nous à ce fujet. Dans les occafions qui font naître ces paffions, la conftitution de notre nature eft telle qu'elle nous détermine à être ainfi affectés, & à approuver notre affection, du moins comme innocente. Tout defir eft ordinairement accompagné d'une certaine inquiétude qui fert à fixer notre attention, & à nous faire perfifter dans ce même defir : mais ce dernier ne ceffe point par l'abfence de la douleur qui l'accompagne ; il faut quelqu'autre évenement pour le calmer.

Rarement faifons nous attention à la douleur dont il eft fuivi, fi ce n'eft dans le cas où elle eft extrêmement violente. Notre defir & notre affection ne fe bornent point au plaifir qui les fuit; encore moins eft-il en notre pouvoir de les exciter dans la vûe de nous procurer ce plaifir.

On peut conclure encore de la réflexion précédente, que nous n'excitons point en nous cette Bienveillance que nous approuvons comme vertueufe, dans la vûe des plaifirs qui réfultent du témoignage de notre confcience. Si ces fortes d'affections dépendoient abfolument de notre volonté, nous pourrions les faire naître par la vûe d'un intérêt équivalent à cette approbation intérieure, comme par l'efpoir des richeffes ou des plaifirs fenfuels qui font tant d'impreffion fur certains fujets. Cependant on convient généralement que cette difpofition qui nous porte à faire du bien à nos femblables, ne mérite point le titre de vertueufe, quand elle eft fondée fur de pareils motifs : à plus forte raifon a-t-on tort de croire que celle à qui on a accordé ce nom, parte d'un principe auffi intéreffé.

On fe convaincra beaucoup mieux de cette vérité, fi l'on fait réflexion que nous fouhaitons fouvent le bonheur de notre prochain, indépendamment du plaifir que nous goûtons à être vertueux. Souvent même ce defir eft beaucoup plus fort là où nous imaginons moins de vertu, par exemple, dans l'affection que nous avons naturellement pour nos proches, & dans la reconnoiffance que nous confervons envers un bienfaiteur. J'avoue qu'on ne fçauroit renoncer à l'une ou à l'autre fans être extrêmement vicieux : mais il eft toujours vrai de dire que ces Affections n'ont par elles-mêmes aucun degré de bonté fort confidérable. Il eſt encore aiſé de s'appercevoir que ces Deſirs & ces Affections ne dépendent aucunement de nôtre choix, & ne partent d'aucun principe intéreſſé.

Si donc la volonté n'a aucune influence ſur nos Affections, lors même qu'il s'agit de notre intérêt, à plus forte raiſon doit-elle moins en avoir quand il n'eſt queſtion que des récompenſes ou des châtimens éternels. Les premiers motifs ne différent de ceux-ci, que relativement à l'extenſion & à la durée. S'il étoit vrai que nos Affections dépendiſſent directement de notre volonté, la même conſidération devroit nous irriter contre les perſonnes les plus innocentes & les plus vertueuſes, nous rendre jaloux de ceux qui ont le plus d'affection & de fidélité pour nous, ou nous faire regarder d'un œil chagrin la prospérité de nos amis; ce qui est absolument impossible. Il est certain que la vûe de l'avenir doit agir sur nous d'une maniére beaucoup plus indirecte, en fixant notre attention aux qualités des objets qui sont naturellement capables d'exciter les Affections requises, qu'aucune autre considération que ce puisse être *.

* Ces différens motifs intéressés que quelques-uns regardent comme la source de notre Bienveillance, agissent sur nous de plusieurs maniéres. La vûe d'un avantage que nous espérons retirer de ceux avec qui nous vivons, est à la vérité un motif capable de nous porter immédiatement aux Actions qui peuvent nous procurer cet avantage : mais jamais elle ne fera naître en nous le desir du bonheur d'autrui. La volonté qui nous détermine aux actions extérieures que nous jugeons pouvoir procurer le bonheur de nos semblables, ne peut être vertueuse qu'autant qu'elle est jointe avec un desir sincére de leur félicité; autrement il y auroit de la vertu à faire une bonne action par un motif intéressé. La vûe

Il faut cependant convenir que ceux qui font du bien aux hommes dans la vûe

des récompenfes que nous efpérons de la Divinité, celle des plaifirs qui réfultent du témoignage de notre confcience, ou de l'affection même, peuvent bien nous porter à defirer la poffeffion de ce Sentiment de Bienveillance ; de forte qu'en fuppofant qu'il dépende de nous d'avoir telle Affection qu'il nous plaît, ce motif ne fçauroit manquer de nous faire choifir celles qui partent d'un principe de Bienveillance : mais ces vûes ne feront jamais un motif capable de nous faire fouhaiter par Amour propre le bonheur des autres. Car le caractére de l'Amour propre eft de nous porter à defirer ce que nous jugeons pouvoir contribuer à notre utilité particuliére. L'acquifition de ce bien perfonnel dépend de la poffeffion de ces Affections, & non du bonheur actuel de nos femblables. Car le plaifir qui réfulte du témoignage de notre confcience & de l'efpoir des récompenfes éternelles, n'eft point attaché au bonheur ni au malheur d'autrui, mais feulement à la bonté de nos Affections. Puis donc que ces Affections ne dépendent ni de notre volonté, ni de notre choix, il s'enfuit qu'elles ne peuvent être excitées par la vûe des récompenfes futures, ni par le plaifir que nous recevons du témoignage de notre confcience.

des récompenses futures, agissent ordinairement par un principe vertueux de Bienveillance, parce que, comme je le dirai
dans la suite, cette Affection est naturelle
à l'homme, & produit toujours son effet;
à moins que quelqu'intérêt apparent ne s'y
oppose, ou que celui-ci ne soit contrebalancé par un intérêt plus considérable.
Les hommes qui n'ignorent point cette
vérité, approuvent généralement tous les
bons offices qui partent de ce désir des
récompenses éternelles : mais une preuve
que cette approbation n'est fondée que sur
la persuasion où l'on est du désintéresse-
ment de l'Agent, c'est que non-seulement
on désapprouve l'obéissance renduë à une
Divinité malfaisante, soit en commettant
quelque crime, ou en observant certaines
cérémonies ridicules dans la seule vûe
d'en recevoir quelques récompenses, ou

d'éviter certains châtimens, mais même celle que l'on rend à l'Étre suprême par les mêmes motifs, sans avoir d'ailleurs aucun Sentiment d'amour ou de reconnoissance pour lui, & sans être touché du bonheur ou du malheur des hommes qu'autant qu'on y est intéressé. On voit manifestement que sous l'empire d'une Divinité malfaisante, un changement dans les circonstances extérieures qui concernent l'intérêt, sans aucun changement dans la disposition de l'Agent, seroit une source de cruauté & d'inhumanité. Je montrerai cependant plus bas que la gratitude envers la Divinité est parfaitement désintéressée. Delà vient qu'on peut approuver cette Affection lorsqu'elle est suivie de quelqu'acte, quoique l'Agent n'ait aucun autre sentiment de Bienveillance : mais ce cas est extrêmement rare. Lors au contraire qu'un homme n'agit que pour obéir à la Loi, on ne doit attendre d'autre Affection ni d'autre Bienveillance de sa part, que celle qu'on a lieu de se promettre de celui qui ne se charge de la curatelle d'une personne qu'il regarde comme tout-à-fait indifférente, que parce que la Loi l'y oblige. Ce dernier agit de façon à ne point nuire aux intérêts qui lui sont confiés, mais sans se mettre en peine du succès de son entreprise, ni du bonheur de la personne pour laquelle il travaille, qu'autant qu'il y est obligé : aussi trouve-t-il peu d'approbateurs.

Réfutation de la seconde Opinion.

V. La seconde opinion a quelque chose de plus plausible. Ceux qui la soutiennent avouent que la Bienveillance n'est point une Affection que la volonté produise en vûe de quelqu'avantage particulier ; mais ils prétendent que le defir du bonheur de nos femblables n'eft en nous qu'une fuite de la réflexion que nous faifons fur la néceffité dont il eft, pour nous procurer certaines Senfations agréables qui naiffent de la connoiffance de leur état ; & que c'eft par ce motif que nous abhorrons la mifére où ils font réduits. La connexion qui fe trouve, difent-ils, entre la félicité de notre prochain, & le plaifir qui nous en revient, paroît furtout entre les amis, les parens, les enfans & les perfonnes d'une vertu éminente : mais cette Bienveillance émane auffi directement de l'Amour propre, qu'aucune autre Affection que ce puiffe être.

Si le Sentiment de Bienveillance qui nous porte à defirer le bonheur de notre prochain n'avoit d'autre principe que le plaifir dont on vient de parler, il s'enfuivroit qu'on devroit également l'approuver lorfqu'il fert à nous procurer des richeffes ou des plaifirs fenfuéls. Qu'un homme gage fur la profpérité prochaine d'une perfonne affez véridique pour avouer fon bonheur ou fon infortune, pourra-t-on regarder les vœux qu'il fera pour elle dans la vûe de gagner fa gageure, comme émanés d'un principe vertueux? non fans doute. En quoi donc ce Defir différe-t-il de l'autre, fi ce n'eft que l'un eft fondé fur l'efpérance d'un plaifir, & l'autre fur celle d'un plaifir différent? Car en augmentant ou en diminuant la gageure, on peut rendre dans ce cas l'intérêt plus ou moins grand que dans l'autre.

Cette vérité deviendra beaucoup plus fenfible à ceux qui prendront la peine de réfléchir fur ce qui fe paffe dans leur efprit. Plufieurs perfonnes n'ont jamais fenti cette connexion : il eft même très-rare que

nous ayons ce plaisir en vûe dans les services que nous rendons à notre prochain
par un principe de genérosité. J'avoue
que nous goûtons du plaisir à voir les
autres heureux : mais dans le tems même
que nous travaillons à leur bonheur, nous
n'aspirons pas toujours à la possession de
ce plaisir ; nous sentons souvent la douleur dont notre compassion est suivie. Or
si notre bonheur se bornoit uniquement à
nous en délivrer, si Dieu nous offroit,
ou d'effacer entiérement de notre esprit
l'idée de la personne qui souffre, ou de
détruire la connexion dont on vient de
parler, ensorte que nous trouvassions du
plaisir dans sa misére, ou enfin de la tirer
de son état malheureux, nous choisirions
également la premiére offre comme la seconde, puisque l'une & l'autre nous délivreroit également de cette douleur ; ce
qui,

qui, selon ce système, est l'unique but que nous nous proposons. Au contraire, nous éprouvons souvent en nous-mêmes que nôtre desir ne se borne point à la cessation de la douleur que nous ressentons ; car si cela étoit, nous fuirions l'objet qui nous afflige, ou nous bannirions son idée de nôtre souvenir comme l'unique moyen de faire cesser cette douleur, ce que nous faisons rarement. Je dis plus : nous recherchons souvent avec empressement ces sortes d'objets ; & par là nous nous exposons volontairement à la douleur que leur vûe nous cause, à moins que notre inclination ne soit vaincuë par la réfléxion que nous faisons sur l'impossibilité où nous sommes de les secourir, par quelque vûe intéressée, ou par la crainte du danger.

F

Suppofons, pour rendre la chofe plus fenfible, que Dieu déclare à un honnête homme qu'il va l'anéantir dans l'inftant, & qu'en même tems il lui promette de rendre fes enfans, fes amis & fes compatriotes heureux ou malheureux, felon qu'il le jugera à propos, fans cependant qu'il puiffe avoir aucun fentiment de leur état. Croit-on que cet homme qui ne voit rien à craindre ni à efpérer pour l'avenir, fût plus indifférent pour eux, dans ce moment, qu'il l'a jamais été dans tout le cours de fa vie *? N'eft-ce pas une opinion communément reçuë parmi les hommes, que

---

* *Ifta commendatio puerorum, memoria & caritas amicitiæ, fummorum Officiorum in extremo fpiritu confervatio, indicat innatam effe homini probitatem gratuitam, non invitatam voluptatibus, nec præmiorum mercedibus evocatam.* Cicero, de Finibus, lib. 2. cap. 31.

la mort nous ôte entiérement la connoiffance de ce qui fe paffe fur la terre ? Pourquoi donc à l'heure de la mort nous inté-
reffons-nous fi fort pour nos parens , nos
amis , nos compatriotes ? A-t-on jamais
vû quelqu'un defirer un bien dont il fçait
ne devoir jouir que quelques minutes ,
avec autant d'ardeur que s'il comptoit le
poſſéder pendant des années entiéres ?
Evaluë-t-on ainfi le produit des rentes
conftituées ?

J'ai peine à comprendre comment on
peut douter du défintéreffement avec lequel nous defirons le bonheur de nos
femblables. Peut-être ce doute eft-il une
fuite des définitions que quelques fçavans
hommes ont données des idées fimples.
Le *defir*, felon eux , n'eft qu'*une inquiétude
qu'on reſſent pour l'abfence d'une chofe qui
donneroit du plaifir fi elle étoit préfente ;*

au lieu que le *desir* est aussi distingué de l'*inquiétude* que la *volonté* l'est du Sentiment. Ne disent-ils pas souvent que nous *desirons* d'être délivrés de nôtre *inquiétude*? Le *desir* est donc absolument différent de cette derniére Affection, quoiqu'il soit toujours accompagné d'un sentiment d'inquiétude. C'est ainsi que l'idée de la *couleur* est toujours accompagnée de celle de l'*étenduë*, quoique ces deux idées soient très-distinctes. Au reste, je ne vois pas plus d'impossibilité à desirer le bonheur de notre prochain, indépendamment de toute vûe intéressée, qu'à desirer le nôtre propre, sans avoir égard au bien qui peut nous revenir. On dira peut-être que nous ne desirons d'être heureux que dans la vûe d'être délivrés de l'*inquiétude* inséparable de notre mauvaise fortune : mais au moins sera-t-il toujours vrai de dire que ce *defir* de nous fouſtraire à l'inquiétude qui nous accable, eſt un *dernier defir* : d'où il s'enſuivra que nous pouvons en avoir une infinité d'autres ſemblables.

On demandera s'il eſt poſſible qu'un Étre ſoit touché de l'abſence d'une choſe qui ne lui cauſe aucune *inquiétude* ? Peut-être eſt-il donné à quelques naturels privilégiés d'avoir des defirs exemts d'une ſemblable paſſion : mais ſuppoſé que nous ne ſoyons point de ce nombre, nous pourrons être inquiets tant que l'évenement que nous defirons ſera douteux, & cependant ne point le defirer dans la vûe d'être délivrés de notre inquiétude. Je dis plus, s'il étoit vrai que nous ne defiraſſions cet évenement que dans cette vûe, nous ne pourrions jamais la faire naître par nôtre defir. Nous pouvons de même être charmés d'un évenement que nous avons defiré , fans cependant l'avoir fouhaité dans la vûe de goûter ce plaifir. C'eft ce qui arrive à l'égard de ceux pour lefquels nous avons de l'averfion.

VI. Mais, dira-t-on , fi nôtre Bienveillance n'eft excitée par aucun des motifs dont on vient de parler, fi les actions vertueufes n'ont d'autre principe que le defir de rendre les hommes heureux , à quoi fert le *Sentiment moral* qui eft en nous , ou ce plaifir que nous goûtons à les voir dans la profpérité ? A quoi bon l'ordre de la Nature, par lequel la vertu eft ordinairement accompagnée des avantages temporels ? Pourquoi propofer des récompenfes éternelles ? J'ai déja répondu en partie à ces queftions. J'ajoûte ici que ces motifs fervent à nous porter à la *Bienveillance*, & par conféquent à fixer nôtre attention aux qualités des objets qui peuvent l'exciter ; à contrebalancer tous les motifs contraires, ainfi que le penchant que nous avons pour le vice. Je trouve d'ailleurs qu'il eft beaucoup plus digne de l'Être fuprême, de rendre heureufes les perfonnes qui aiment la vertu , au moyen de l'ordre qu'il a établi dans la Nature, indépendamment des vûes qu'on peut avoir d'obtenir cette félicité par la pratique des vertus. Les bonnes actions tendent au Bien public ; il convient donc d'y porter les hommes par tous les motifs poffibles , & d'exciter ceux qui ont quelque bonne volonté à y contribuer avec plus d'ardeur qu'ils ne feroient fans ces motifs ; comme il eft à propos d'engager du moins ceux qui n'ont qu'une étincelle de vertu , aux actes extérieurs de Bienveillance , & à fuir le vice *.

* On obfervera que les différentes récompenfes

*L'homme ne sçauroit être méchant
de sang-froid.*

VII. L'homme paroît être incapable
de haïr par un principe de malice, &

proposées dans l'Évangile, pour nous porter aux
bonnes œuvres, ne doivent point être regardées
immédiatement comme l'unique motif capable
de nous exciter à la vertu, ou à nous faire approuver les actions dont elle seule est la source.
Nous avons les promesses de la vie présente, ainsi
que celles de la vie future : cependant les premiéres n'ont jamais passé pour un principe vertueux. On allégue quelques Textes pour réfuter
ce systême des Affections désintéressées que nous
prétendons être l'unique principe vertueux. Tel
est celui de la première Epître aux Corinthiens,
ch. xv. v. 32. qui ne signifie autre chose, sinon
» Que si les morts ne ressuscitoient point, si
» Jesus-Christ lui-même n'étoit pas ressuscité,
» si la Religion qu'il a prêchée n'étoit qu'une
» imposture, c'eût été une grande folie à l'Apô-
» tre de s'exposer aux persécutions. « Ce n'est
pas que la vûe des récompenses éternelles fût le
seul motif qui le portât à la vertu, ou que la
disposition d'esprit qui lui faisoit endurer les

indépendamment de tout intérêt, ou de souhaiter le malheur de son prochain de

persécutions, n'eût d'autre principe que l'espérance de la vie future.

Le second Texte sur lequel on insiste, est tiré du ch. xj. v. 6. de l'Epître aux Hébreux. » Or, » dit l'Apôtre, on ne peut lui être agréable sans » la Foi ; car il faut que celui qui vient à Dieu, » croie que Dieu est, & qu'il est le Rémunérateur » de ceux qui le cherchent. « Cela veut dire qu'on ne sçauroit faire aucun acte agréable à Dieu lorsqu'on nie son existence & sa bonté ; ce qui est évident par lui-même. Peut-être aussi l'Apôtre conseille-t-il en cet endroit, » d'em- » brasser la vraie Religion, & d'y demeurer atta- » ché malgré les plus cruelles persécutions ; ce » qu'il est impossible de faire si l'on n'y est en- » couragé par l'espoir des récompenses éter- » nelles. « Au reste, il ne s'ensuit point de ce Passage, que l'intétét soit le seul motif qui nous porte aux actions vertueuses, ou que nous n'approuvions une action que parce qu'elle a été faite en vûe de quelque récompense.

Le troisiéme Passage qu'on allégue avec le plus de chaleur, & avec le moins de fondement, supposé que je l'aye rendu exactement, est celui du ch. xij. v. 2. de la même Epître. Le voici :

sang-froid lorsqu'il n'en a rien à craindre , ni pour sa vie , ni pour ses biens. Quant

» Regardant à Jesus, le Chef & le Consommateur
» de la Foi, lequel au lieu de la joie dont il
» jouissoit, a souffert la croix, ayant méprisé la
» honte, & s'est assis à la droite du Trône de
» Dieu. « Ce qui signifie, » Que Jesus-Christ a
» enduré patiemment ses souffrances dans la vûe
» des plaisirs éternels ; « non que cette vûe fût
l'unique motif de ces actions, ou qu'elles ne
méritassent d'être estimées que parce qu'elles
étoient dirigées par ce motif. Au reste, on peut
prendre par Métonymie cette joie pour son
objet ; je veux dire, le salut du genre humain.
Je ne parle point d'une autre version connuë
depuis longtems des Critiques, dont quelques-
uns prétendent que ἀντὶ est rarement employé
pour la cause finale, & que dans ce Texte,
comme dans les autres sur lesquels on est en
débat avec les Sociniens, il doit être traduit par *au lieu de* ; & cela étant on peut
rendre ce verset de la maniere suivante :
» Qui au lieu de cette joie dont il étoit le
» maître de jouir, comme s'il se fût soumis à
» la croix dès le commencement «. Il n'y a
rien à reprendre dans cette traduction, sinon
que l'Antithèse entre les souffrances que nous

à cette haine qui nous porte à traverſer ceux dont les intérêts ſont oppoſés aux

endurons dans la foi des récompenſes éternelles, & celles qu'il a ſupportées par le même motif, n'y eſt pas ſi bien conſervée ; comme ſi de pareilles Figures étoient néceſſaires à la perfection de l'Ecriture. Car le ſens de ce Texte tend à faire voir comment les ſouffrances du Sauveur devinrent méritoires par le choix qu'il en fit, préférablement au bonheur dont il jouiſſoit auparavant. Cet endroit de Saint Paul a rapport aux verſets 6. & 7. du ſecond Chapitre de l'Epitre aux Philippiens, que je rapporterai, pour épargner au Lecteur la peine de les chercher.

» Cependant il s'eſt anéanti lui-même, ayant » pris la forme de ſerviteur, fait à la reſſem-» blance des hommes.

» Et étant trouvé en figure comme un hom-» me, il s'eſt abaiſſé lui-même, & a été obéiſſant » juſqu'à la mort , & à la mort même de la » croix «.

Ceux qui quelquefois ont aſſiſté aux exhortations Chrétiennes , doivent s'être apperçus que l'Amour déſintéreſſé & les motifs de Bienveillance y ſont plus ſouvent recommandées qu'aucun autre.

Il réſulte de ce qu'on vient de dire , que les

nôtres, elle eft l'effet de l'*Amour propre*, & non d'une *Malice défintéreffée*. Une paffion qui nous faifit, peut nous donner quelques fauffes idées de nos femblables, & nous les faire regarder pour quelque tems comme abfolument méchans. Nous pouvons même, tandis que cette penfée fubfifte, laiffer échapper quelques marques d'une *malice défintéreffée* : mais à peine réflechiffons-nous fur l'homme, à peine nous formons-nous une idée de fa nature que nôtre paffion ceffe ; & nôtre *Amour propre* qui fe réveille, nous porte alors à traverfer nos adverfaires en vûe feulement des avantages qui peuvent nous en revenir.

hommes ont un defir tout-à-fait défintéreffé de la félicité de leur prochain ; & que le *Sentiment moral* qui eft en nous, ne nous fait approuver les actions comme vertueufes, que lorfqu'elles font produites, du moins en partie, par un femblable defir.

Tout le monde eſt aujourd'hui charmé de la deſtruction de nos Pirates ; cependant s'il arrivoit que pluſieurs de ces miſérables fuſſent jettés dans quelqu'iſle déſerte, & qu'on nous aſſurât qu'ils doivent y demeurer éternellement, enſorte qu'ils ne puſſent plus nuire au genre humain ; ſi nous conſidérions de ſang-froid que ces malheureux ſont capables de connoiſſance, & ſuſceptibles de conſeil ; qu'ils peuvent vivre heureux & contens, ou être plongés dans la miſére, le chagrin & la peine ; qu'il n'eſt pas impoſſible qu'ils rentrent ſous les loix de l'Amour, de l'Humanité & de l'Amitié, & qu'ils deviennent des amis, des citoyens & des parens affectionnés, & capables de tous les ſentimens propres à ces relations. Si nous nous demandions alors à nous-mêmes, depuis que l'amour propre ou l'intérêt que nous prenons à la sûreté des honnêtes gens, ne nous portent plus à defirer la ruine de ces Corfaires, & que nous ceffons de les regarder fous les idées que le reffentiment des injures que nous ou nos amis en ont reçuës nous fuggéroit, ç'eft-à-dire, comme tout-à-fait incapables d'aucune bonne *Qualité morale* ; fi, dis-je, nous nous demandions lequel nous aimerions le mieux, ou qu'il leur arrivât le même fort qu'à l'armée de Cadmus, je veux dire, qu'ils s'entretuaffent les uns les autres ; ou qu'ils fouffriffent les fupplices les plus cruels ; ou qu'ils priffent les Sentimens naturels à l'homme ; qu'ils devinfent bienfaifans, compatiffans & humains ; qu'il établiffent des loix, des réglemens & des gouvernemens entr'eux ; qu'ils réglaffent la propriété des biens, qu'ils formaffent une heureufe & honnête focieté à l'aide des mariages, qu'ils s'uniffent par les liaifons les plus douces, & qu'ils priffent entr'eux les noms tendres & chers de pere, de fils, de frere ; je fuis perfuadé, dis-je, qu'il n'y a point d'homme qui ne préférât de les voir dans ce dernier état, plûtôt que dans l'autre, malgré l'horreur que nous infpirent pour eux notre intérêt perfonnel, le defir du bien public, & celui de nos amis qui font expofés à leur furie. Or cela prouve évidemment que nous fommes incapables d'une malice défintéreffée ; ou de fouhaiter de propos délibéré le malheur de qui que ce foit, à moins que nôtre intérêt ne nous y porte, ou que le fujet pour qui nous avons de l'averfion, ne nous paroiffe abfolument

Relations dear, and all the Charities
Of father, fon and Brother :
Milton, *Par Loft.* l. iv. v. 756.

mauvais dans un *Sens moral* ; ce qui arrive quelquefois à l'égard de nos ennemis, lorsque nous sommes transportés de quelque passion, quoiqu'un Être de cette nature ne se soit peut-être jamais rencontré parmi les ouvrages du Créateur.

Les autres Affections font également désintéressées.

VIII. Après avoir prouvé que l'*Amour propre* ni l'*intérêt* ne font point la source de notre *Estime* ni de nôtre *Bienveillance*, il me reste à examiner si quelques autres Affections vertueuses, telles que la crainte & le respect qui proviennent d'une appréhension de bonté, de puissance & de justice, naissent ou non de l'Amour propre. Car il est impossible de concevoir quelque vertu dans la crainte servile qu'inspireroit un Être malfaisant assez

puissant

puiſſant pour nous nuire. C'eſt-là le plus bas degré de l'Amour propre. Les argumens qu'on a employés pour prouver que la véritable *Eſtime* eſt parfaitement déſintéreſſée, ſervent également à nous convaincre que ce *Reſpect* l'eſt auſſi ; car il naît évidemment de la connoiſſance que nous avons des *bonnes qualités* du ſujet & de l'amour qu'elles excitent en nous ; ce qui nous fait craindre de l'offenſer. S'il étoit en nôtre pouvoir de reſpecter un *Étre* par ce ſeul motif, que notre intérêt le demande, un *Tiers* pourroit de même nous porter à révérer un Étre *impuiſſant & injuſte*, ce qui eſt tout-à-fait ridicule. On peut en dire autant des autres paſſions qui paſſent pour vertueuſes.

Objections.

IX. Il ſe préſente une objection contre

G

ce que j'ai dit plus haut, que la véritable *Bienveillance* est entiérement désintéressée, laquelle est fondée sur ce qu'on remarque tous les jours, » Que rien n'excite
» plus efficacement nôtre amour envers
» les Êtres raisonnables, que la *Bienveil-*
» *lance* qu'ils nous témoignent ; ce qui
» donne lieu de présumer que nôtre amour
» pour les hommes, comme pour les Êtres
» irraisonnables, est effectivement inté-
» ressé. « Examinons avec attention ce qui se passe en nous-mêmes. Aimons-nous la personne bienfaisante par cette seule raison que nôtre intérêt le demande, ou bien parce que ce n'est qu'en l'aimant que nous pouvons mériter ses bontés ? Si cela étoit, nous pourrions également aimer quelque personne que ce fût, même dans le dessein d'obtenir les bonnes graces d'un Tiers, ou être engagés par ce dernier à aimer le

plus malhonnête homme de tout nôtre cœur, comme on peut nous porter à certains devoirs extérieurs par l'appas des récompenses, ce qui est manifestement impossible. Au reste, nôtre *Bienveillance* n'est-elle pas plûtôt l'effet de la *Générosité*, qu'un moyen de s'en rendre digne ? Les démonstrations extérieures d'amitié, la soumission & la dissimulation peuvent précéder une opinion de *Générosité :* mais le véritable Amour la suppose toujours, & naît nécessairement de la considération des bienfaits que nous avons reçus par le passé, lors même que nous ne comptons plus en recevoir.

Peut-on dire qu'on n'aime une personne *Bienfaisante* que comme on aime un champ ou un jardin à cause des avantages qu'on en retire ? Si cela étoit, on devroit cesser d'aimer celle qui s'est ruinée à force de nous obliger, dès-là qu'elle n'est plus en état de nous faire du bien. C'est ainsi que nous cessons d'aimer un objet inanimé qui nous devient inutile, à moins qu'une Prosopopée poëtique ne l'anime, & n'excite en nous une reconnoissance imaginaire ; ce qui n'est pas rare. La libéralité doit donc augmenter nôtre *Bienveillance*, en même tems qu'elle excite nôtre *Complaisance*, qui est toujours accompagnée d'un plus grand degré de Bienveillance ; & de-là vient que nous aimons ceux mêmes qui font du bien à d'autres qu'à nous.

Ce qui nous touche le plus dans les bienfaits que nous recevons nous-mêmes, c'est leur valeur & les circonstances de l'action qui prouvent la générosité du Bienfaiteur ; & la bonne opinion que nous avons de nous-mêmes, nous fait

regarder fa générofité comme beaucoup
mieux employée, quand elle s'étend fur
nous, que lorfqu'elle ne fe fait fentir
qu'aux autres dont nous avons peut-être
une idée moins avantageufe : mais il
fuffit pour réfuter cette objection, de
remarquer que la *Libéralité* du *Bienfaiteur,*
lorfqu'on la croit moralement mauvaife
ou extorquée par force, ou accordée par
quelque vûe intéreffée, n'eft jamais fuivie
d'un véritable Sentiment de bienveillance.
Elle peut même exciter nôtre indignation,
fi nous foupçonnons que cet amour eft
diffimulé, ou ne tend qu'à nous engager
dans quelque démarche honteufe ; au lieu
que la *Générofité* qui part d'un fond de
prudence, eft toujours eftimée, & attire
à fon Auteur l'amour de tous ceux qui en
ont connoiffance.

G iij

La Vertu est désintéressée.

Puis donc que la *Bienveillance* n'est produite ni par l'Amour propre, ni par aucune vûe intéressée, & que toute *Vertu* émane de ce principe, ou de telle autre affection également désintéressée, il s'ensuit qu'il doit y avoir quelqu'autre Affection différente de l'*Amour propre* & de l'*intérêt* qui nous porte aux actions qu'on appelle vertueuses.

Si nos désirs se bornoient uniquement à nôtre utilité personnelle, il s'ensuivroit que tout Etre raisonnable n'agiroit qu'en vûe de son propre avantage ; de sorte qu'on ne devroit lui donner le titre de Bienfaisant, que parce qu'il n'agit que dans cette vûe ; & sur ce systême, nous ne devrions admettre dans la Nature aucun Etre Bienfaisant, ou qui agisse dans la vûe de rendre les autres heureux. Si l'amour qu'on a pour le bien public, non plus que le zéle qui nous anime à procurer l'avantage d'autrui, ne partent point d'un fentiment fupérieur, d'où naît cette croyance générale, ,, Que Dieu ,, recompenfera les perfonnes vertueu- ,, fes ? " Dira-t-on qu'il importe à la Divinité, que nous pratiquions la vertu ? Ce fentiment paroîtroit fans doute extrêmement abfurde à tous ceux qui efpérent en fa bonté & en fa miféricorde. Que fi ces fortes de Difpofitions fe rencontrent dans la Divinité, qu'elle impoffibilité y a-t-il, que les Créatures poffédent auffi quelque étincelle de cet Amour pour le public ? Pourquoi fuppofer, qu'elles n'agiffent que par *Amour propre ?*

En un mot, en n'admettant d'autre

G iiij

principe des actions humaines que l'*A-mour propre*, je ne vois pas sur quoi l'on feroit fondé à attendre des Bienfaits ou des récompenses de la part de Dieu ou des hommes au de-là de ce qu'éxige l'intérêt du Bienfaiteur. Il feroit ridicule d'espérer des Bienfaits d'un Etre, dont les intérêts sont tout-à-fait indépendans des nôtres. Qui pourroit engager la Divinité à récompenser la Vertu, puisque selon ce systême, elle n'est autre chose, que l'art de ménager nos intérêts de la maniére la plus convenable, sans préjudicier au bien public, & qu'on agit de même à l'égard du vice, quoique d'une maniere, qui vraisemblablement ne doit pas si bien réussir, & qui est toujours contraire au bonheur du tout. Mais comment Dieu s'intéresse-t-il pour ce tout, si chaque Etre n'agit que par Amour propre? Sur quel fondement croyons-nous que Dieu eſt bon, dans le ſens que tout Chrétien l'entend, c'eſt-à-dire, ſoigneux du bonheur de ſes Créatures ? Pourquoi le malheur des hommes ne lui cauſe-t-il pas autant de plaiſir, que leur félicité ? Comment pourroit-on blamer un tel Etre, s'il travailloit à les rendre miſérables ? Sur quoi nos eſpérances ſeroient-elles fondées ? On admettroit auſſitôt le *mauvais Principe des Manichéens*, que le bon, s'il étoit vrai qu'il n'y eût aucune excellence dans l'Amour parfaitement déſintéreſſé, & que tous les Etres en général agiſſent en vûe de leur propre utilité, ſi ce n'eſt qu'on ſuppoſe, que la Divinité tire avantage du bonheur de ſes Créatures.

Quel eſt le vrai principe de la Vertu.

X. Après avoir détruit ces faux principes des actions vertueuſes, il me reſte à établir celui que je crois le véritable ; fçavoir, *une certaine Détermination naturelle à procurer le bonheur d'autrui, ou un inftinct antérieur à tout motif intéreffé*, qui nous porte à aimer nos femblables : de même que le *fentiment moral*, dont on a parlé plus haut *, nous porte à approuver les actions, qui partent de cet Amour. Ce *Défintéreffement* paroîtra fans doute étrange à ceux qui ont appris dans les écoles & dans les Auteurs fyftematiques, à regarder l'*Amour propre* comme l'unique fource des actions humaines : mais confidérons-le dans fes efpéces les plus fimples & les plus fortes, & après en avoir compris la poffibilité dans ces exemples, il nous fera facile d'en connoître toute l'étenduë.

* Voyez Section I.

Affection naturelle.

Un Payſan qui a de la probité , dira qu'il aime ſes enfans, & qu'il travaille à les conſerver & à les rendre heureux , indépendemment des avantages qui peuvent lui en revenir. Mais, diſent quelques-uns de nos Philoſophes , „ Un pére „ trouve du plaiſir dans la félicité de ſes „ enfans, & ne les voit malheureux , „ qu'avec une peine extrême ; auſſi n'eſt- „ ce que pour éviter l'une , & pour ſe „ procurer l'autre, qu'il s'efforce de les „ mettre dans un état, qui ne leur laiſſe „ plus rien à déſirer ; ce qui part toujours „ d'un principe intéreſſé. " Pour répondre à cette objection , ſuppoſons pluſieurs Marchands aſſociés , dont un ſoit employé au dehors à ménager les intérêts de ſa

Compagnie. Il est certain, que tous participent à sa prospérité, de même qu'à son infortune, & que la premiére leur donne autant de joie, que la seconde leur cause de chagrin. Or peut-on dire, que cette Affection est la même, que celle qui attache les péres à leurs enfans? Non sans doute, je ne pense pas qu'aucun pére soit de ce sentiment. Dans le cas dont on vient de parler, les intérêts sont évidemment unis : mais quelle liaison d'intérêt y a-t-il entre un pére & ses enfans? Les sensations de ceux-ci sont-elles capables de procurer du plaisir ou de la douleur à celui-là? Un pére ressent-il la faim, la soif, ou la maladie, dont son fils est attaqué? Il est certain que non. Ce n'est que par un désir naturel de sa félicité, & par une aversion naturelle pour sa misére, qu'il prend part à ses joies & à ses peines. Ce Defir eft donc antécédent à toute liaifon intéreffée ; & il en eft la caufe plûtôt que l'effet. Il doit donc être parfaitement défintéreffé. Non, dit un autre Sophifte : „ Les enfans font par-„ tie de nous-mêmes ; & l'amour qu'on „ leur porte, réjaillit fur nous. " L'ad-mirable réponfe ! pouffons-là auffi loin qu'elle peut aller. Comment nos enfans font-ils partie de nous-même ? Ce n'eft certainement pas comme un bras, ou une jambe ; nous ignorons abfolument leurs fenfations ; " Mais leurs corps, dit-on, „ ont été formés du nôtre ". On peut en dire autant d'une mouche ou d'un ver, qui s'engendrent de notre fang ou de nos humeurs. Ces infectes ne nous font-ils pas fort chers ? C'eft certainement par quelqu'autre endroit, que nos enfans font partie de nous mêmes ; & ce n'eft que l'Affection naturelle que nous avons pour eux, qui peut produire cet effet. C'eſt elle qui les rend parties de nous-mêmes ; & elle eſt abſolument indépendante de ce qu'ils étoient auparavant. Certes on ne ſçauroit concevoir de Métaphore plus admirable. Sur ce principe, toutes les fois que nous remarquons entre les hommes une Détermination, qui les porte à s'aimer mutuellement, nous devrions regarder chaque individu comme une partie d'un grand Tout, ou ſyſtême, au bien duquel il s'intéreſſe comme membre.

Un autre Auteur penſe que tout ce que je viens de dire peut ſe déduire aiſément de l'*Amour propre*. » Les enfans, ſelon lui, » ſont non-ſeulement engendrés de nos » corps ; ils nous reſſemblent encore par » le corps & par l'ame ; & ce n'eſt que » nôtre propre reſſemblance que nous

» aimons en eux. « Cela eft admirablement
bien dit. Mais qu'eft-ce que la *Reffem-*
blance ? ce n'eft point une *identité indivi-*
duelle : mais feulement un Être compris
fous une idée générale ou fpécifique. C'eft
par-là que nous reffemblons aux enfans
des autres hommes, & qu'un homme
reffemble à un autre à quelques égards.
L'homme reffemble de même en quelque
chofe à un Ange, & en quelque chofe à
la Brute. Tout homme eft donc naturellement difpofé à aimer fon *femblable,* à
fouhaiter du bien, non-feulement à fon
individu, mais à tout autre Etre raifonnable ou fenfitif ; & cette difpofition eft
plus forte là où il fe rencontre plus de
reffemblance dans les qualités les plus
nobles. Si c'eft-là ce qu'on nomme
Amour propre, les Myftiques les plus
raffinés ne peuvent fouhaiter un principe

plus défintéreffé ; car loin de fe borner à l'individu, il paffe jufqu'au bonheur des autres, & peut s'étendre à tout, puifque tous les hommes fe reffemblent par quél-qu'endroit. Rien ne fçauroit être plus avantageux ni plus généreux qu'un Amour propre de cette efpece.

On dira peut-être, » que les *Parens* re-» tirent toujours du plaifir, fouvent de » l'honneur, quelquefois même des avan-» tages effectifs de la fageffe & de la prof-» périté de leurs enfans ; & que c'eft de-» là que part la follicitude qu'ils ont pour » eux. « Mais je répondrai, comme j'ai déja fait plus haut, que tous ces motifs ceffent à l'approche de la mort, & que cependant cette affection eft auffi forte alors que jamais. Que les Parens fondent leur cœur, & qu'ils jugent fi ces vûes font les feuls principes de leur affection

pour

pour ceux de leurs enfans qui font les plus infirmes, & dont ils ont le moins à efpérer.

Un Auteur moderne obferve *, » Que » les parens n'ont qu'une Affection très» » foible pour leurs enfans jufqu'à ce qu'ils » commencent à raifonner & à être capables de fentiment. « Les meres prétendent au contraire en fentir une trèsforte dès le moment que ces enfans naiffent. Je voudrois cependant pour mieux ruiner cette hypothèfe, que ce qu'il avance fût vrai en tout, ainfi qu'il l'eft en partie, quoique certains parens ayent de l'affection pour des enfans idiots. *L'intelligence* & l'Affection que nous remarquons dans nos enfans, & qui les font paroître des *Êtres penfans*, peuvent augmenter l'amour

* Voyez la Fable des Abeilles, pag. 68. de la troifiéme Édition Angl.

H

que nous leur portons indépendamment
de toute vûe d'intérêt. Une preuve que
cette augmentation d'amour n'eſt point
fondée ſur l'utilité que nous eſpérons retirer de leurs connoiſſances ou de leur
affection, c'eſt que nous travaillons ſans
ceſſe pour eux, ſans aucune eſpérance
d'être dédommagés de nos dépenſes, ou
d'être récompenſés des peines que nous
avons priſes, ſi ce n'eſt dans le cas d'une
extrême néceſſité. Puis donc que par la
conſtitution même de nôtre nature, la
vûe d'une *Capacité morale* peut augmenter
nôtre amour, ſans que notre intérêt y ait
part ; ne peut-il pas ſe faire également
que dans les cas où nous ne ſommes point
liés par les nœuds du ſang, ce même
principe produiſe un degré d'amour plus
foible, qui s'étende à tout le genre humain ?

Les Affections qu'on a pour le Public, font également naturelles.

XI. On ne doutera point de la vérité de ce que je viens de dire, si l'on fait attention à quelques autres liaifons plus éloignées. Que des voifins dont nous n'avons reçu aucun bon office, unis entr'eux par les liens de l'*amitié*, du *fang* & de la *fociété*, travaillent à s'entrefecourir les uns les autres avec toute forte d'affection & d'honnêteté : je demande, s'il eft poffible de ne pas mieux aimer les voir dans la profpérité, en fuppofant que leurs intérêts n'ayent rien d'incompatible avec les nôtres, que dans la défolation & la mifere ? Voilà un nouveau *lien* de *Bienveillance* moins fort, & pourtant beaucoup plus étendu que celui dont on vient de parler. Suppofons encore qu'un Négociant

H ij

abandonne fa patrie dans le deffein de ne
plus y retourner, & fe tranfporte avec
toute fa famille dans une région éloignée,
fans aucun autre motif que celui du Commerce, & fans avoir reçu la moindre injure de fes Concitoyens : je demande, fi
tout féparé qu'il eft d'intérêts avec fa Nation, cet homme n'aimera pas mieux la
voir heureufe, que livrée à la tyrannie ou
à quelque Puiffance étrangére, qui em-
ploie tous les moyens poffibles pour la
ruiner ? La réponfe qu'il feroit à cette
queftion, eft une preuve fenfible que fa
Bienveillance va beaucoup plus loin qu'on
ne le fuppofoit d'abord, & qu'elle s'étend
non feulement à fes amis & à fes parens,
mais encore à tous les membres de fa
Nation. Qu'un homme de jugement, dé-
barraffé du tumulte des affaires, life une
Hiftoire qui l'inftruit du gouvernement

d'une Nation étrangére infiniment différente de la sienne, & dont les Loix ne
tendent qu'au bien public : il se sentira
porté d'inclinations pour les peuples qui
la composent ; il travaillera à corriger &
à rectifier certains points de leurs constitu-
tions qui semblent s'éloigner des vûes du
Législateur, & qui peuvent devenir nuisibles à leurs intérêts ; il s'affligera des malheurs qui leur arriveront, & s'intéressera
en véritable ami à leurs différentes fortunes. Or n'est-ce pas là une preuve que la
Bienveillance s'étend à tout le genre humain, lorsqu'elle n'est point contrebalancée par des motifs intéressés, ni par l'A-
mour propre. Si nous entendions parler
de quelques Êtres raisonnables suscepti-
bles d'Affections morales, faisant leur de-
meure dans les Planettes les plus éloignées
de notre Globe, nôtre affection s'étendroit

jufqu'à eux ; & nous defirerions avec ardeur de les voir heureux. Or une preuve que ces différentes Affections plus ou moins étenduës font parfaitement défintéreffées & indépendantes de la félicité dont nous jouiffons à la vûe du bonheur des autres Étres, c'eft qu'elle fubfifte à l'inftant même de nôtre mort, ainfi qu'on l'a obfervé dans le quatriéme Article de cette Section.

De l'Amour qu'on a pour fa Nation.

XII. Je n'ai garde d'oublier ici le principe de cet Amour, que nous avons pour notre Patrie, & auquel on donne le titre de *National*. Il fuffit d'avoir vécu pendant un tems confidérable dans un pays, pour avoir diftinctement remarqué les diverfes Affections, dont l'homme eft capable. On a connu une infinité de caracteres aimables ; on se rappelle les liaisons , les amitiés, les alliances qu'on a contractées, les Affections naturelles & les sentimens d'humanité, dont on a ressenti les influences. Le *Sentiment moral* qui est en nous, nous porte à approuver ces Dispositions aimables dans ceux en qui elles sont le plus marqués ; & la *Bienveillance* nous fait prendre part aux intérêts de ceux qui les possédent. Lorsque nous les appercevons aussi distinctement dans un autre pays, nous commençons à l'aimer d'un Amour National, sans que nôtre patrie ait d'autre préférence dans nôtre esprit, que celle qui résulte de l'Association des idées agréables, que nous avons euë dans nôtre jeunesse, avec celles des édifices, des campagnes & des bois, où nous les avons reçuës. On voit par-là, comment la *Tyrannie,* l'*Esprit de parti,* le *Mépris de*

H iiij

la juſtice, la *Corruption des mœurs*, en un mot tout ce qui occaſionne la miſére des Sujets, eſt capable de détruire cet Amour National, & la tendreſſe qu'on a pour ſon pays.

Pourquoi les Affections naturelles ne ſe manifeſtent pas toujours.

On obſervera, que ſi cette Affection naturelle ne ſe manifeſte pas toujours entre les *Collatéraux*, c'eſt que dans pluſieurs cas ces *inclinations naturelles* ſont ſurmontées par l'*Amour propre*, & par l'oppoſition que nous trouvons à nos intérêts. Ces cas exceptés, on s'apperçoit que tous les hommes ſont ſoumis à leurs influences, quoique les uns en ſoient touchés plus fortement que les autres, ſelon que les Relations qui ſubſiſtent entr'eux, ſont plus ou moins éloignées, & ſuivant que ce sentiment naturel de *Bienveillance* est accompagné d'*Estime*, de *Gratitude*, de *Compassion*, ou de telle autre Affection semblable, ou affoibli par le *Dégoût*, la *Colére* ou l'*Envie*.

SECTION III.

Le Sentiment de la Vertu, & les différentes Opinions qu'on en a, n'ont qu'un même principe.

Moyen d'aprécier la Moralité des actions.

Il n'y a point de Vertu sans Bienveillance.

I. SI l'on examine toutes les actions, qui passent généralement pour *louables*, & si l'on recherche les principes qui les font estimer, on trouvera que l'approbation qu'on leur donne, n'est qu'une fuite de la perfuafion où l'on eft, qu'elles partent d'un fond de *Bienveillance* & de bonne volonté, indépendamment de l'intérêt que celui qui les approuve peut y prendre. Il fuffit donc pour faire regarder les différentes *Affections* qui nous portent à procurer le bonheur des autres, & toutes les Actions qui en découlent, comme *moralement bonnes*, que la *Bienveillance* qu'elles marquent pour les uns, ne foit point contrebalancée par le dommage que les autres en reçoivent. On ne trouve même une Action louable, qu'autant qu'on l'imagine produite par un principe de Bienveillance; & l'on n'eftime les talens & les Difpofitions d'un homme, quelqu'heureufes qu'elles foient, qu'à proportion de la bonne volonté qu'on remarque en lui, & du bien qu'elles peuvent produire. Bien plus, les Actions les plus utiles ne fçauroient nous paroître avoir une *Beauté morale*, fi, comme on l'a obfervé ailleurs *, elles ne partent d'aucun principe de *Bienveillance*; au lieu qu'une tentative faite par un principe d'amitié, ou de bonne volonté pour le bien public, n'eut-elle aucun fuccès, nous paroîtra toujours auffi louable qu'aucune de celles qui ont le mieux réuffi, pourvû qu'elle émane d'une Bienveillance auffi forte.

De la Religion.

II. De-là vient que les Affections qui nous portent à faire du bien à ceux, de qui nous avons reçu quelque bienfait, paroiffent louables, & leurs contraires

---

* Voyez Part. I. Sect. II. Art. 3. Part. II. Article 9.

odieuses, indépendamment de l'utilité ou du dommage, qui peuvent leur revenir. C'eſt ainſi qu'un *Amour* & une *Gratitude* ſincére pour un Bienfaiteur, un *Empreſſement obligeant* à ſuivre ſes volontés, quelque peine qu'on y trouve, un *penchant* véritable à s'accommoder à ſes déſirs, & le *contentement* que l'on goûte à demeurer dans l'état où il nous a placés, ſont les plus fortes marques de *Bienveillance* qu'on puiſſe lui donner ; auſſi doivent-elles paroître extremêment *agréables*. C'eſt en cela ſeul, que conſiſte la *Dévotion*, ou le culte qu'on eſt capable de rendre à la Divinité, en vûe des bienfaits qu'on en reçoit.

Il y a dans la conſtitution de nôtre nature une circonſtance extrêmement propre à exciter la *Bienveillance*, & dont il eſt

à propos de dire un mot en paſſant. C'eſt
que comme tout *Bienfait* excite néceſſairement de la reconnoiſſance dans celui
qui l'a reçu ; de même les marques de
cette Gratitude, même de la part du plus
vil des hommes, procurent un plaiſir extrêmement ſenſible au Bienfaiteur. Il n'eſt
point d'homme, quelque pauvre & quelque miſérable qu'il ſoit, dont les louanges
ne cauſent quelque ſorte de plaiſir , &
dont on n'aime mieux être aimé que haï ,
ſuppoſé pourtant, que cet amour ne parte
point d'une conformité de vices & de
baſſeſſes. La perſonne la plus abjecte à
qui nous aurons rendu un bon office ,
peut par l'Amour & la reconnoiſſance
qu'elle en témoigne, contribuer conſidérablement à notre félicité, dans le tems
même qu'elle eſt hors d'état de nous payer

de retour, & que nous n'espérons rien d'elle ; car, comme dit Milton *, „ Un „ esprit reconnoissant peut convenir „ d'un bienfait, sans l'augmenter, il „ s'acquitte par son aveu, en même „ tems qu'il se reconnoît redevable ". On ne peut douter que les exercices de la Religion n'ayent extremêment va- rié selon les siécles & les Nations, & que l'*Education* ne puisse persuader aux hommes, que certaines actions plaisent à la Divinité, & que d'autres lui font en horreur : mais toujours est-il vrai de dire, que lorsque les hommes approuvent un

---

* . . . . . *A grateful Mind*

By owing owves not, but still pays at once

Indebted and discharg'd . . . . .

Par. Lost. L. IV. v. 55.

culte extérieur, ce n'eſt que dans la per-
ſuaſion où ils ſont qu'il procéde de l'A-
mour qu'on a pour la *Divinité*, ou de
quelqu'autre ſentiment avec lequel cet
amour eſt néceſſairement lié, tel que le
Reſpect, le *Repentir* ou la *Douleur* de l'a-
voir offenſée. Il réſulte de-là que l'*Amour*
eſt le principe général de toute l'*Excellence
morale* qu'on croit appercevoir, même
dans les Cultes les plus fanatiques, qui
ayent jamais exiſté dans le monde. Car
quant à ceux qui n'ont été inſtitués, que
pour appaiſer un Etre malfaiſant, il n'eſt
point d'homme qui y attache aucune
Vertu ou excellence réelle, & qui ne les
regarde comme un moyen honteux d'éviter un grand mal. Or comme les hommes ont une infinité d'opinions touchant ce qui eſt agréable à la Divinité,
il s'enſuit néceſſairement , ,, Que leur

,, culte & leur approbation doivent infi-
,, niment varier , quoique l'Amour foit
,, toujours regardé comme le principe de
,, la *Bonté morale* des Actions ".

Des Vertus fociales.

'III. Il fuffit au refte pour fe convaincre que la *Bienveillance* eft l'unique fondement de l'*Excellence* des *Vertus Sociales*, d'ob-ferver , que malgré la diverfité des fen-timens qui régnent à ce fujet dans les différentes Sectes , toutes conviennent unanimement , que l'unique moyen de decider les controverfes qui s'élevent au fujet d'un culte, eft d'examiner laquelle des deux conduites qui partagent les fen-timens , eft la plus propre à contribuer au *Bien public.* On eft bientôt d'accord fur la *Moralité* , dès qu'on eft convenu de l'influence naturelle de l'action fur le

bien

bien naturel univerſel du *Genre humain.*
Celle qui produit généralement plus de
bien, paſſe pour *bonne*, & ſon oppoſée
pour *mauvaiſe;* & dans ce cas même on n'a
égard au Bien de l'*Agent*, & à celui des
perſonnes chargées de cette recherche,
qu'entant qu'ils ſont partie du grand *ſyſtême.*

Dans les derniers débats qui ſe ſont
élevés parmi nous touchant l'*Obéiſſance
paſſive*, & le droit de *Réſiſtance* dans la
défenſe des *Priviléges*, la queſtion parmi les
gens ſenſés ſe reduiſoit à ſçavoir, „ Si une
„ *ſoumiſſion univerſelle* cauſe de plus grands
„ maux, qu'une *Révolte paſſagere*, dans
„ les cas où l'on viole les Priviléges ";
& non point, „ Si ce qui tend générale-
„ ment au Bien public naturel, eſt *mora-
„ lement Bon* ". Que ſi l'on alleguoit
un *Commandement de Dieu* en faveur de

l'*Obéissance passive*, il n'est pas douteux, qu'il feroit pencher la balance du *Bien naturel* de son côté, & qu'il détermineroit nôtre choix par un motif d'intérêt ; ce qui n'empêcheroit pas, que le *sentiment* que nous avons de la *Bonté morale* de l'*Obéissance passive*, ne fût fondé sur quelque espéce de Bienveillance , telle que la *Reconnoissance* envers la Divinité , & la *soumission* que nous devons à ses ordres. Je doute cependant, que ceux qui croyent la *Divinité Bienfaisante* osent alléguer un pareil commandement ; si ce n'est qu'ils veuillent dire que la chose commandée tend davantage au *Bien universel*, que sa contraire , soit en prévenant les malheurs extérieurs d'une guerre civile , soit en accoutumant les hommes à la *Patience*, ou à quelqu'autre Vertu , qu'ils estiment nécessaire à leur bonheur éternel. Sans cela,

l'*Obéissance passive* peut bien être regardée, comme un moyen honteux d'éviter un plus grand malheur , mais non
pas comme une vertu *moralement louable*
par elle-même.

Ne nous arrêtons point ici aux dif-
putes des Sçavans , fur lefquelles la
Coutume & l'*Education* ont beaucoup
d'influence ; & contentons-nous d'examiner par quel principe on eft porté dans le
cours ordinaire de la vie à approuver
ou blâmer , à condamner ou excufer les
actions dont on eft témoin. Il n'y a perfonne généralement parlant , qui n'ait honte
d'appeller une action du nom de *jufte* ,
parce qu'elle tend à fon avantage , ou
à celui de l'Agent ; ou de la qualifier
d'*injufte* , parce que ni elle , ni l'Agent
n'en retirent aucune utilité. Le *Blâme*
& la *Cenfure* fuppofent toujours une

inclination à nuire au Public, ou un principe de malice dans l'Agent, au moins un mépris du bonheur des autres, une inhumanité de tempérament, ou un Amour propre qui rend celui en qui il domine, absolument insensible aux maux de son prochain ; d'où il suit, que nous blâmons & censurons une action indépendamment de la part que nous pouvons y prendre. Les justifications les plus fortes & les plus persuasives des actions, qu'une disposition au mal peut faire regarder comme mauvaises, sont tirées de ce principe, qu'elles étoient nécessaires pour un plus grand bien, par lequel le mal est contrebalancé. ,, La sévérité exercée en-
» vers un petit nombre de personnes de-
» vient, dit-on, une pitié par rapport à la
» multitude. Les châtimens passagers font
» absolument nécessaires, pour prévenir

» des maux infiniment plus durables.
» Sans la punition de quelques Particu-
» liers dans ces fortes d'occafions, il n'eft
» point d'honnête homme, qui fût affuré
» de jouir tranquillement de la vie «; &
ainfi du refte. Dans le cas même, où il
eft impoffible de juftifier entiérement une
action; il fuffit pour affoiblir le crime,
de pouvoir alléguer, » Qu'il n'a été
» commis que par inadvertance, fans au-
» cune malice préméditée; ou qu'il n'eft
» que l'effet d'un bon naturel, de l'amitié,
» de la compaffion, de l'affection & de
» l'amour naturel qu'on a pour un Parti.«
Ces Confidérations montrent quel eft
le principe univerfel du Sentiment que
nous avons du *Bien* ou du *Mal moral;*
c'eft-à-dire, d'un côté la *Bienveillance* pour
les autres, & de l'autre la *Malice*, ou
même l'*Indolence* & l'*Indifférence* pour le

malheur public. Nous sommes même si éloignés de croire, que tous les hommes n'agissent que par un pur principe d'amour propre , que nous attendons générale-ment de ceux avec qui nous vivons quelque égard pour le Public , & que nous regardons la privation de cette qualité , non pas simplement comme l'absence d'un *Bien* ou d'une *Vertu morale*, mais comme un défaut positivement mauvais & haïssable.

Le Mal moral ne part pas toujours d'un principe de malice.

IV. Comme les contraires se connoissent mieux par les contraires, nous examinerons ici plus particuliérement le principe général du Sentiment , que nous avons du *Mal moral.* La Malice *désintéressée*, ou le desir absolu du malheur des autres , est le comble du vice. Il n'est point d'action qui ne nous paroisse mauvaise, lorsqu'on la conçoit produite par quelque degré de cette *Affection*. Une passion violente peut bien l'exciter dans l'homme pour quelques instans ; il peut même arriver, que les sentimens que nous concevons à l'égard de nos ennemis dans un premier transport de colére, nous les représentent avec ces Dispositions odieuses ; mais on a lieu de douter pour les raisons alleguées plus haut *, que l'homme soit assez méchant pour désirer de sang-froid le malheur de son prochain, lors même qu'il n'a aucun intérêt à le faire.

On cite en preuve du contraire les cruautés inouies & meditées des Nérons & des Domitiens ; mais c'est peut être sans fondement. Ces sortes de Tyrans

* Voyez Sect. II. Art. 4.

n'ignorent point la haine que les gens vertueux ont pour eux ; auſſi les appréhendent-ils ſans ceſſe. Ils croyent entrevoir ſous les dehors d'une Vertu, qu'ils regardent comme fauſſe & apparente, tout l'artifice & toute l'ambition dont les hommes peuvent être capables ; & ils s'imaginent que le moyen le plus ſûr de ſe mettre à couvert de leurs attaques, & de ſe rendre redoutables, c'eſt d'ôter à leurs ennemis toute eſpérance d'échapper, en ſe montrant ſans miſéricorde. La réputation de vertu que ces ſortes de perſonnes ont acquiſe, devient pour un Tyran un ſujet d'envie, & un reproche tacite de ſa conduite : elle affoiblit ſon autorité, & lui rend ces perſonnes redoutables. Cette autorité qu'on attaque, devient l'unique objet de ſa complaiſance ; & pour en faire connoître toute l'étenduë, il ne craint

point de violer les droits les plus facrés
de la juftice & de l'humanité. C'eft ainfi
que la cruauté fe tourne pour lui en habitude. Il eft beaucoup plus raifonnable
d'attribuer l'inhumanité des Tyrans à
quelqu'un de ces intérêts apparens, que
de fuppofer en eux un principe de malice
défintéreffée, dont tous les autres hommes
font abfolument incapables.

Caractére d'un Tyran.

Le vrai caractére d'un Tyran eft d'être
dans un état habituel de colére, de
frayeur & de haine. Il fuffit donc pour juger des motifs de fes actions & de celles
de tous ceux qui lui reffemblent, de réfléchir fur les idées que nous nous formons
nous-mêmes des autres hommes, lorfque
nous fommes affectés de quelqu'une des
paffions, qui ont paffé en habitude chez

ces hommes cruels. Tant que les impreſ-
ſions de l'injure que nous avons reçuë ſubſiſtent, nous regardons la perſonne qui
nous a offenſés, comme abſolument mé-
chante, & comme prenant plaiſir à mal-
faire. Nous mépriſons les vertus, que
nous n'euſſions pas manqué de découvrir
en elle dans un état plus tranquille; & nous
oublions, que l'Amour propre peut avoir
eu plus de part à ſon action, que la malice, & même qu'il eſt poſſible, qu'une
inclination bienfaiſante pour d'autres l'ait
obligée à manquer à nôtre égard. Telles
ſont vraiſemblablement les idées, qu'un
Tyran ſe forme des autres hommes ; &
comme il juge d'eux par lui-même, il
leur refuſe les ſentimens de tendreſſe &
de bienveillance, qu'il s'eſt efforcé d'éteindre dans ſon cœur. Cette conduite n'auroit rien de déraiſonnable, ſi les hommes

étoient en effet tels qu'il les suppose ; car nous éprouvons nous - mêmes , que nos passions font toujours conformes aux idées , que nous nous formons des autres ; & il n'eſt pas étonnant , lorſque le principe en eſt faux , que les ſentimens qui en réſultent ſoient peu reſſemblans à l'état réel de l'humanité.

Sources ordinaires du Vice.

Il paroît donc que la ſource la plus ordinaire des *Vices* qui regnent dans le monde , eſt ou un Amour propre mal entendu , dont la violence éteint tout ſentiment de *Bienveillance* ; ou une Affection pour nous-mêmes ou pour quelques ſyſtêmes limités , qui bannit toute conſidération du Bien public ; ou enfin certaines Affections , qui naiſſent des idées fauſſes & inconſidérées qu'on ſe forme des autres hommes, & auxquelles on fe livre faute de *Bienveillance*. Que des perfonnes qui s'eftimoient auparavant réciproquement, ayent des intérêts contraires ; elles rabattent bientôt de la bonne opinion qu'elles avoient l'une de l'autre, parce qu'elles s'imaginent, que l'oppofition qu'elles rencontrent, ne part que d'un principe de malice; fans cela il leur feroit impoffible de fe haïr. Deux Concurrens, par exemple, peuvent fe fouhaiter réciproquement la mort, comme l'unique moyen d'affurer leur prétention ; quoi qu'en réfléchiffant de part & d'autre fur leurs vertus, ce qui n'eft point impoffible dans des perfonnes qui ont quelque fentiment de Bienveillance, ils puiffent étouffer la haine, que cette rivalité feroit capable de faire naître ; enforte que fi l'un d'eux vient à obtenir un meilleur pofte que celui qu'ils briguoient tous deux, l'autre s'en réjouiſſe.

L'Amour propre eſt indifférent par lui-même.

V. Les actions qui n'ont d'autre principe que l'Amour propre, & qui ne marquent cependant aucun défaut de *Bienveillance* par le préjudice qu'elles cauſent, paroiſſent tenir le milieu entre la Vertu & le Vice, & n'excitent ni amour ni haine dans ceux qui en ſont témoins. En effet, la raiſon nous prouve, non-ſeulement que l'Amour propre, quand il eſt renfermé dans certaines bornes, n'eſt point incompatible avec le Bien public : mais qu'il eſt même abſolument néceſſaire pour l'utilité du Genre humain que chaque homme agiſſe ainſi pour ſon avantage particulier ; & que le défaut de cet Amour propre ſeroit généralement pernicieux. D'où il ſuit que quiconque travaille pour ſon propre

intérêt dans la vûe cependant de concourir au Bien du Tout, ou qui tâche d'a-
vancer sa fortune précisément pour se
mettre plus en état de servir Dieu, & de
faire du bien aux hommes, agit d'une
maniére non-seulement innocente, mais
encore honorable & vertueuse ; car
dans l'un & l'autre cas, la *Bienveillance*
concourt avec l'*Amour propre* à le faire
agir. On voit donc que le mépris de
nôtre propre intérêt peut être moralement mauvais, & marquer un défaut de
Bienveillance pour le Tout : mais lorsque
l'*Amour propre* excéde les bornes qu'on
vient de prescrire, qu'il nous fait commettre des actions préjudiciables aux autres,
ou au Tout, & qu'il éteint en nous tout
Sentiment de tendresse & de bienveillance, il devient extrêmement vicieux, &
mérite alors qu'on le désapprouve. Lors
aussi qu'une légére injure, un ressentiment

passager ou quelque suggestion superstitieuse affoiblissent notre Bienveillance au point de nous faire regarder sans sujet tous les hommes en général, ou quelques-uns d'eux en particulier, comme absolument *Méchans*, *Malicieux* ou pires qu'ils ne sont en effet, il est impossible que ces sortes d'idées n'excitent en nous des Affections malfaisantes, ou du moins qu'elles n'affoiblissent les bonnes, & nous rendent réellement *vicieux*.

Différentes espéces de Bienveillance.

VI. Le terme de *Bienveillance* exprime en général assez bien ce principe interne qui nous rend vertueux ; & c'est dans ce sens que *Cumberland* s'en est servi dans son Traité des Loix naturelles : mais il est nécessaire pour entendre plus distinctement sa signification, d'observer qu'on

comprend fous ce nom plufieurs difpofitions de l'ame affez différentes. Tantôt il
dénote un *Amour* ou une *Affection* d'une
vafte étenduë pour tous les Etres capables
de bonheur ou de mifére ; quelquefois
une Difpofition paifible & volontaire
de l'ame qui nous porte à defirer le bonheur de certains petits fyftêmes ou indi-
vidus : c'eft ce qu'on appelle Amour de
la Patrie, Amitié, Affection paternelle,
telle qu'on la remarque dans les perfonnes fenfées qui font en état de fe gou-
verner elles-mêmes. Il fert enfin à marquer les différentes efpéces de Paffions
particuliéres, telles que l'Amour, la
Pitié, la Sympathie, &c. Nous examinerons ailleurs * plus au long cette diftin-
ction entre les mouvemens paifibles de la

*Le Traité auquel l'Auteur renvoie, eft celui qu'il
a donné fur les *Paffions*, qui fuivra de près celui-ci.

volonté,

volonté, les Affections, les Dispositions & Inclinations naturelles de l'ame, & les différentes Passions qui la jettent dans le trouble & la confusion.

Au reste, quoique toutes les dispositions dont on vient de parler, forment ce qu'on appelle un caractére *Bienfaisant*, elles ne laissent pas d'être très-différentes par leur nature, & d'avoir par conséquent diffé-rens dégrés de *Beauté morale*. La premiere est sans contredit la plus estimable & la plus excellente : c'est peut-être la seule Perfection morale de quelques Génies su-périeurs ; aussi une personne nous paroît-elle plus ou moins aimable, selon que cette inclination influe plus ou moins sur son esprit, non-seulement pour modérer & restreindre ses appetits inferieurs, mais encore pour surmonter ou contrebalancer ses passions les plus honnêtes. La seconde

K

eſpéce de *Bienveillance* eſt beaucoup plus aimable que la troiſiéme, lorſqu'elle eſt aſſez forte pour influer ſur notre conduite. La troiſiéme, quoique d'une dignité morale beaucoup inférieure, ne laiſſe pas d'avoir ſa Beauté, lorſqu'elle n'eſt point oppoſée à ces principes les plus nobles. Dans ces cas-là même, quoi qu'elle ne juſtifie point les actions, qui ſont réellement nuiſibles aux plus grands ſyſtêmes, elle en diminue au moins conſidérablement la difformité morale. C'eſt ce qu'on éprouve, lorſqu'une perſonne a commis quelque action préjudiciable à la Société par un principe d'Amitié, d'Affection paternelle ou de Pitié.

La Bienveillance n'exclut point l'Amour propre.

VII. Il eſt encore à propos d'obſerver que tout Agent moral peut ſe regarder à jufte titre comme une partie de ce *Syftême raifonnable*, qui peut être utile au Tout, & participer comme tel à la *Bienveillance* qu'il a pour tous les hommes en général. On peut même voir, comme on l'a dit plus haut, que la confervation du *Syftême général* dépend du foin innocent que chaque individu prend de lui - même ; d'où il fuit que toute action qui caufe plus de *Mal* à l'*Agent*, que de *Bien* aux autres, quoi qu'elle puiffe marquer la force de quelque attachement particulier, ou la difpofition vertueufe de l'Agent, a cependant pour principe la fauffe opinion où l'on a été qu'elle contribuoit au *Bien public*; de forte que tout homme qui rai-fonne jufte, & qui confidére le Tout, n'y fera jamais porté par la fimple *Bienveil-lance*, quelque forte qu'elle puiffe être, & ne la confeillera jamais à qui que ce

K ij

foit, quoique convaincu que le dommage qu'une bonne action caufe à l'*Agent*, dénote une difpofition vertueufe très forte. Bien plus, fi l'on propofoit quelque *Bien* à la pourfuite d'un *Agent*, & qu'il fe préfentât un Concurrent qui l'égalât à tous égards, la *Bienveillance* la plus étendue ne devroit jamais engager un homme fage à le préferer à foi-même, lorfqu'aucun motif de reconnoiffance, ou telle autre circonftance femblable, ne l'oblige point de céder à fon Rival. L'homme le plus *Bienfaifant* peut fans contredit fe traiter foi-même comme un tiers, qui ayant autant de mérite qu'un autre, afpireroit à la même chofe. Comme dans ce cas la préférence qu'il donneroit à l'un, à l'exclufion de l'autre, ne prouveroit pas en lui une diminution de *Bienveillance* ; il peut de même fe préférer à un concurrent d'un mérite égal au sien, sans qu'on doive le taxer d'être moins Bienveillant, que de coutume.

Toutes les fois que l'égard que j'ai pour moi-même contribue autant au bien du *Tout*, que celui que j'ai pour un autre; ou que le *mal* que je reçois, égale le *bien* qui revient à un second : quoiqu'en agissant en pareil cas pour l'avantage de celui-ci, je donne des marques réelles de *Bienveillance*, cependant en me comportant d'une maniere opposée par rapport à moi-même, je ne témoigne aucune mauvaise disposition, ni aucun défaut de *Bonne volonté*, puisque dans l'un & l'autre cas, l'importance du Bien qui revient au *Tout*, est exactement le même. Au reste, ce que je dis ici, n'exclut point la nécessité de la Libéralité ou des Dons gratuits, quoique dans ces sortes d'occasions le Bienfaiteur perde ce que l'autre reçoit, puisque dans chaque cas donné , la somme du Bien qui tourne au profit de chaque personne, est en Raison composée de la quantité du Bien même, & du besoin de la personne que l'on gratifie ; d'où il suit, qu'un Don peut ajouter beaucoup plus au bonheur de celui qui reçoit, qu'il n'ôte à la félicité de celui qui donne ; & que les présens les plus utiles & les plus précieux sont ceux, qu'un Riche fait à un Indigent. Les présens entre égaux ne sont cependant point inutiles , parce qu'ils augmentent le bonheur de celui qui donne & de celui qui reçoit, en tant qu'ils témoignent un amour réciproque: mais ceux que les Pauvres font aux Riches, sont une vraie folie, à moins qu'ils ne servent à temoigner leur reconnoissance ; car dans çe cas ils deviennent une source de joie pour l'Auteur du présent, & pour celui à qui il s'adresse, puisque ces marques de Gratitude ne plaisent pas moins au Riche qui a de l'humanité, qu'elles donnent de plaisir au Pauvre, qui s'apperçoit qu'il les a pour agréables.

De même, lorsqu'une Action cause plus de mal à l'Agent, que de bien au Public, elle ne laisse pas de marquer une Disposition vraiment louable & vertueuse dans celui qui l'a faite, quoiqu'il soit évident, qu'il n'a agi que par une fausse idée de son devoir : mais si le mal qui en revient à l'Agent est si grand, qu'il le mette hors d'état de contribuer dans un autre tems au Bien public d'une maniére plus efficace qu'il ne l'a fait par cette action, quoiqu'elle parte d'un principe vertueux, elle peut être mauvaise, en ce

K iiij

qu'elle prouve qu'il a negligé un plus grand bien pour un moindre.

Comment la Bienveillance est affectée par les qualités de son objet.

VIII. Les *Qualités morales* des objets n'altérent la Beauté ou la Difformité morale des actions, qu'autant qu'elles augmentent ou diminuent la *Bienveillance* de l'action, ou le Bien qui doit en revenir au Public. La *Bienveillance*, par exemple, qu'on a pour des personnes d'un très mauvais caractére, peut être aussi louable qu'aucune autre, & même surpasser celle qu'on pourroit avoir pour des Sujets d'un mérite fort distingué, parce qu'elle doit avoir une étendue capable de surmonter le plus grand des obstacles, je veux dire, le Mal moral qu'on remarque dans l'objet. De-là vient que l'Amour pour un ennemi injuſte eſt regardé comme la plus éminente de toutes les vertus. Lors cependant que la *Bienveillance* qu'on a pour les méchans ne ſert qu'à les affermir dans leurs mauvaiſes inclinations, ou les mettre en état de faire plus de mal, cette circonſtance diminue & détruit la *Beauté* de l'action, elle la rend même mauvaiſe, en ce qu'elle marque un mépris pour le bonheur des perſonnes qui valent mieux qu'eux; car nôtre *Bienveillance* pour elles peut être plus avantageuſe au Bien public, que celle que nous accordons à ceux qui nous plaiſent. Ce cas excepté, il eſt certain, que cette ſorte de *Bienveillance* renferme autant de *Beauté morale*, qu'aucune autre, pourvû cependant qu'elle ne diminue point celle, que nous devons avoir pour des ſujets plus eſtimables.

Qualités qui déterminent notre choix.

Lorsqu'il s'agit de comparer les *Qualités morales* des actions, pour pouvoir choisir entre plusieurs actions proposées celle dont l'*Excellence morale* est la plus grande, le *Sentiment moral* que nous avons de la Vertu, nous fait connoître, que quand les degrés de bonheur que l'action doit procurer sont égaux, la *Vertu* est proportionnée au nombre des personnes, qui doivent y participer, (la *Dignité* ou l'*importance morale* des Sujets peut ici compenser le nombre) & que lorsque les *nombres* sont égaux, la *Vertu* est comme la quantité du Bonheur, ou Bien naturel, ou en Raison composée de la quantité de Bien, & du nombre des personnes qui s'en ressentent. De même le *Mal*, ou le *Vice moral*, est comme le dégré de misére, & le nombre de ceux qui souffrent. Sur ce principe, la meilleure action est celle, qui procure un plus grand bonheur à un plus grand nombre de personnes, comme réciproquement celle-là est la plus mauvaise, qui cause le plus de misére.

Comment les conséquences affectent la Moralité des Actions.

Lors aussi que les conséquences des actions sont d'une nature mixte, c'est-à-dire, partie avantageuses & partie nuisibles, l'action est bonne, quand ses bons effets l'emportent sur les mauvais ; comme au contraire elle est mauvaise, lorsqu'elle produit des effets opposés. Dans l'un & l'autre cas, le nombre peut être compensé par *l'importance morale* des Caractéres ou la *Dignité* des personnes, ainsi que par les dégrés de bonheur, ou de misére. Car il peut y avoir du mal à

procurer à plusieurs personnes un Bien infiniment plus médiocre, que le Mal qu'on
cause à un petit nombre d'autres : de même
que le *Bien immense* qu'on fait à celles-ci,
peut l'emporter sur le *Mal leger* que l'on
cause à celles-là.

Les *Conséquences* qui affectent la Moralité des Actions, font les effets directs &
naturels, non-seulement des Actions mêmes, mais aussi de tous les *Evenemens*,
qui ne fussent point arrivés dans d'autres
circonstances. Car plusieurs Actions qui
n'ont aucun mauvais effet immédiat & naturel, ou même qui en produisent actuellement un bon, peuvent être fort mauvaises, si un homme prévoit, qu'en cas
qu'il se détermine à ces sortes d'actions,
les mauvaises suites qu'aura vraisemblablement la folie des autres, l'emporteront
sur le *Bien* qui en résultera, ou sur

l'inconvénient qui pourroit naître de leur omission. Dans ces fortes d'occasions, on doit supputer la Moralité de part & d'autre. Lorsque je prévois, par exemple, que par l'erreur ou la corruption des autres, mon action doit vraisemblablement en occasionner une infinité de mauvaises dans des cas tout-à-fait différens, ou qu'étant bonne en elle-même, elle peut porter les hommes à en faire de très-méchantes, en conséquence de quelque fausse notion de leur Droit : chacune de ces considérations suffit pour rendre une action mauvaise, toutes les fois que les maux qu'elle doit vraisemblablement produire, l'emportent sur ceux que j'eusse causé en l'omettant.

De-là vient que la plûpart des Loix défendent certaines actions en général, quoiqu'elles puissent avoir leur utilité dans quelques cas particuliers, parce que, vû les méprises dans lesquelles les hommes ne manqueroient pas vraisemblablement de tomber, la permission générale qu'elles accorderoient à ce sujet, seroit infiniment plus préjudiciable qu'une défense générale. Ce font là les bornes les plus justes qu'on ait pû assigner entre les bonnes & les mauvaises actions. Dans ces sortes de cas, il est de nôtre devoir d'obéir à la Loi généralement la plus utile ; ou si dans quelques occasions importantes l'infraction de la Loi a des suites moins fâcheuses que l'obéissance que nous lui rendrions, nous devons nous résoudre à supporter avec patience les peines que la Loi a imposées pour le bien public, quoiqu'une pareille désobéissance n'ait rien de criminel en elle-même.

IX. J'observerai ici, que quoique toute

inclination bienfaisante considérée par abstraction, soit approuvée du Sentiment
moral, il ne s'ensuit pas que toutes les
Affections ou Passions qui tendent au bien
d'autrui, soient également louables ou
vertueuses. Nos Affections, soit qu'elles
ne regardent que nous, ou qu'elles ayent
le Public pour objet, sont manifestement
distinctes de nos Passions. L'*Amour propre*,
par exemple, est absolument différent de
la *Faim*, de la *Soif*, de l'*Ambition*, de la
Convoitise ou de la *Colére* ; & la *Bienveillance* de la *Pitié*, de l'*Amour passionné*,
de la *Tendresse* paternelle ou de l'*Amitié*.
Au reste, toute Affection qui ne nuit à
personne, est estimée vertueuse & louable, mais moins cependant que la simple
Bienveillance. De même la bonne volonté
qu'on a pour un système borné, est préférable à un attachement plus passionné :

néanmoins une Bienveillance plus étenduë est infiniment plus belle & plus vertueuse ; & la plus haute perfection de la Vertu consiste dans une Bienveillance universelle pour tous les Étres capables de Sentiment. De-là vient que nous blâmons tous les attachemens particuliers qui se trouvent incompatibles avec l'intérêt des grandes sociétés, parce qu'ils marquent quelque défaut dans ce principe plus noble qui met le comble à la Vertu *.

En quoi consiste la Vertu de la Bienveillance particuliére.

X. Ces observations peuvent servir à nous faire distinguer les actions que le *Sentiment moral* nous fait regarder comme les plus vertueuses, & par conséquent comme les

* Voyez l'Essai sur les Passions, Section II. Art. 3. & les Éclaircissemens, Sect. VI. Art. 4.

plus

plus dignes de nôtre choix. Ce sont celles qui contribuent le plus universellement au plus grand bien de tous les Êtres raisonnables auxquels notre affection peut s'étendre. Toute *Bienveillance*, fût elle partielle & bornée à un seul Être, est louable, quand elle n'est point incompatible avec le Bien du *Tout* : mais c'est une vertu d'un mérite bien mince, à moins que nôtre Bienveillance ne soit plûtôt limitée par impuissance, que par un défaut d'Amour pour le *Tout*. Tout attachement particulier à un Parti, à une Secte, à une Faction, n'a qu'une espéce de Beauté imparfaite, lors même que le Bien du Tout exige un attachement singulier plus étroit, comme en fait d'Affection naturelle, ou d'Amitié vertueuse : on en excepte cependant le cas, où certaines parties sont si nécessairement utiles au *Tout*,

L

que la *Bienveillance* univerſelle même nous oblige de travailler à leurs intérêts avec un ſoin & une affection toute particuliére. C'eſt ainſi que la *Bienveillance univerſelle* nous porte à embraſſer avec plus d'ardeur les intérêts d'une perſonne noble & généreuſe, que la Fortune a placée dans un poſte élevé, ou d'une Société, dont la Conſtitution ne tend qu'au Bien général. De même un homme qui ſe connoît en Architecture, ne pouvant ſoutenir la dépenſe d'un bâtiment complet & régulier, aime mieux s'en tenir à une décoration, qu'il peut conſerver uniformément dans le Tout, que de s'attacher à embellir une partie aux dépens des autres. Il rejettera même toute profuſion d'ornemens dans une partie, qui n'a aucune proportion avec le Tout, à moins que cette partie ne ſoit une des principales de

l'édifice, comme une façade, ou une en-
trée principale, dont la décoration em-
bellit beaucoup plus l'édifice, que ne
le feroit celle de toute autre partie.

Cette Conſtitution de nôtre ſentiment,
par laquelle la *Beauté morale* des Actions
ou des Diſpoſitions augmente à proportion des perſonnes qui en reſſentent les
bons effets, & qui empêche, que les actions qui émanent des attachemens naturels les plus étroits, tels que ceux qui
ſe forment entre les deux Sexes, ou qui
nous affectionnent à nos Deſcendans, ne
paroiſſent auſſi vertueuſes, que celles
d'une bonté égale, qui ont pour objet
des perſonnes qui nous ſont moins attachées, n'a été préférée par l'Auteur de
la Nature, que parce que ɔɔ Les Affec-
ɔɔ tions les plus limités opérent beaucoup
ɔɔ moins de bien, par cette raiſon qu'elles

» influent fur un plus petit nombre de per-
» fonnes ; au lieu qu'une Bienveillance
» plus étenduë, quand elle eft jointe au
» pouvoir, n'a point de bornes dans fes
» bons effets, & ne produit jamais aucun
» mal ; ce qu'on ne peut pas dire des
» Paffions particulieres. Auffi n'a-t-elle
» été renduë plus aimable à nôtre *Senti-*
» *ment*, qu'afin de nous engager à la cul-
» tiver & à la fortifier, même à la préférer
» aux Paffions les plus affectueufes, lorf-
» qu'elles font oppofées à un plus grand
» bien. «

Difpofitions & Capacités morales.

X. Cette premiére idée de la *Bonté
morale* des actions peut en fournir une
autre de la Bonté morale des difpofitions
naturelles ou *acquifes*, qui nous portent à
faire du bien aux autres, ou qu'on fuppofe

être deftinées, acquifes ou cultivées
pour cet effet, ou qui marquent la
bonté de notre tempérament, & qui l'accompagnent pour l'ordinaire. De-là vient
que ces Difpofitions, lorfqu'elles n'ont
rien de contraire à nos opinions, nous
font eftimer davantage ceux qui les poffédent ; au lieu qu'elles nous les rendent
infiniment haïffables, lorfque nous les
croyons employées à nuire au Public.
Telles font un jùgement pénétrant, une
belle mémoire, une imagination vive, la
patience à fupporter le travail, la douleur, la faim & les veilles, le mépris des
richeffes & de la mort. Ces Difpofitions
méritent à plus jufte titre le nom de *Difpofitions naturelles*, que celui de *Qualités
morales* ; & nous paroiffons avoir pour
elle un goût naturel tout-à-fait diftinct
de l'Approbation morale que nous leur

L iij

donnons : mais lorfqu'on en fait un mauvais ufage, nous en haïffons davantage ceux en qui elles éclatent.

Maniére d'aprécier la Moralité des Actions felon le Sentiment qu'on en a.

XI. Pour avoir une Régle générale, qui ferve à aprécier au jufte la Moralité des actions avec toutes leurs circonftances, quand il s'agit de juger des nôtres, ou de celles d'autrui, il faut obferver les Propofitions, ou les Axiomes qui fuivent.

1°. L'importance Morale de quelque Agent qué ce foit, ou la quantité de bien qu'il procure au public, eft en Raifon compofée de fa *Bienveillance* & de fa *Capacité*. Car il eft évident, que fes bons offices dépendent de toutes deux conjointement. De même la quantité de Bien particulier que chaque Agent se procure à lui-même, est en Raison composée de ses *intérêts* & de son *habileté*. Je ne parle ici que des biens extérieurs de ce monde, que nous ne recherchons que par des motifs intéressés. A l'égard des biens intérieurs de l'Esprit, on les obtient beaucoup plus efficacement par la pratique des autres Affections, que par l'exercice de celles, auxqu'elles on donne le nom d'*intéressées*, sans en excepter celles qui nous portent à préférer l'avantage du prochain au nôtre.

2º. A l'égard des Vertus de différens Agents, lorsque les talens sont égaux, la valeur du bien public est proportionnée à la bonté du tempérament, ou à la Bienveillance; & dans les cas où les tempéramens sont égaux, la Quantité du bien est comme les talens.

L iiij

3°. La Vertu ou la Bonté du tempérament eſt donc préciſement comme l'importance du Bien, lorſque les autres circonſtances ſont égales, & en raiſon inverſe comme les Talens ; c'eſt-à-dire, que la Vertu diminue dans chaque degré donné de Bien, à proportion de l'étenduë des Talens.

4°. Mais comme les ſuites naturelles de nos actions varient à l'infini ; que les unes nous ſont avantageuſes & nuiſibles au Public, d'autres nuiſibles à nous-mêmes & favorables au Public, ou utiles à nous & aux autres, ou préjudiciables à tous deux ; il s'enſuit, que la *Bienveillance* ſeule n'eſt pas toujours le principe des bonnes actions, ni la *Malice* ſeule la ſource du mal ; (il eſt même rare de trouver des gens malicieux de propos délibéré) & que dans la plûpart des actions on doit regarder

l'*Amour propre* comme une autre Puiſſance, qui concourt quelquefois avec la
Bienveillance, lorſque nous ſommes ani-
més par nôtre propre intérêt ou par
celui du Public, & qui lui réſiſte auſſi
quelquefois, lorſque la bonne action
eſt difficile & pénible à exécuter, ou
qu'elle a des ſuites fâcheuſes pour l'A-
gent.

Nous examinerons plus à fond * ces
Motifs intéreſſés : il ſuffit pour le pré-
ſent de les déſigner par le nom d'*inté-*
rêt. Je dis donc, que lorſque celui-
ci concourt avec la *Bienveillance* à quelque action ſuſceptible d'augmentation ou
de diminution, il doit produire infiniment plus de bien, que la *Bienveillance*
ſeule, quoique ſecondée des mêmes talens. D'où il ſuit, que lorſque le dégré de

* Voyez Sect. V.

Bien qui résulte d'une action faite en partie pour l'utilité de l'Agent, n'est qu'égal au dégré de Bien produit par l'action d'un autre Agent, sur qui la *Bienveillance* a influé, la première est moins vertueuse, que la seconde, & que dans ce cas, il faut déduire l'intérêt, pour trouver le véritable effet de la *Bienveillance* ou de la *Vertu*. De même lorsque l'*intérêt* s'oppose à la *Bienveillance*, & que celle-ci vient néanmoins à bout de le surmonter, il faut l'ajouter au dégré de Bien, pour augmenter la vertu de l'action, ou la force de la *Bienveillance*. J'appelle *intérêt* dans ce dernier cas, l'avantage que l'*Agent* eut pû trouver à ne point agir : c'est un *Motif négatif*, qui étant retranché, n'en laisse qu'un *positif*.

L'Intention & la Prévoyance affectent les Actions.

Il faut observer ici , que l'avantage qu'on retire fortuitement ou naturellement d'une action, sans l'avoir prévû, n'influe aucunement sur sa *Moralité* , & ne la rend pas moins louable ; de même que la *Difficulté*, ou le *Mal* auquel on ne s'est point attendu , ne rend point une bonne action plus vertueuse , puisque dans ces sortes de cas , l'Amour propre ne seconde ni ne traverse la *Bienveillance*. Je dis plus , l'intérêt n'affoiblit celle-ci, que dans le cas où l'on n'eût point entrepris l'action, ni procuré autant de bien , sans ce motif intéressé ; & il ne diminue le *Vice* d'une mauvaise action, que dans celui où l'on ne l'eût point commise, ni occasionné le mal, sans le motif dont on vient de parler.

Le sixiéme Axiome ne regarde que les signes extérieurs par lesquels les hommes peuvent juger des actions de leurs semblables, dans l'impossibilité où ils sont de pénétrer ce qui se passe dans leurs cœurs ; car il peut souvent arriver qu'ils ayent assez de *Bienveillance* pour surmonter quelque difficulté que ce soit, & que cependant ils soient assez heureux, pour n'en rencontrer aucune. Dans ce cas, il est certain que l'Agent n'a pas moins de Vertu, quoiqu'il soit dans l'impossibilité d'en donner des preuves à ceux avec lesquels il est lié, que s'il avoit en effet surmonté les obstacles, qui ont traversé ses bonnes Actions. Ceci doit avoir lieu, même à l'égard de la Divinité, à qui rien n'est difficile.

En quoi consiste la Perfection de la Vertu.

Puis donc que lorsqu'il s'agit de juger
de la bonté du Tempérament de quelque
Agent que ce soit, ses Talens doivent entrer en ligne de compte, ainsi qu'on l'a dit
ci-dessus, & que personne ne peut agir au-
de-là de ses talens, il s'ensuit, que la perfection de la Vertu, consiste à faire du *Bien*
proportionnellement à ces mêmes Talens,
& à agir de toutes nos forces pour le Bien
public ; & que dans ce cas la perfection
de la Vertu est comme l'*Unité*. C'est-là
l'unique source de cet orgueil, qui a fait
avancer aux Stoïciens, » Que nous pou-
» vons nous rendre semblables aux Dieux,
» en menant une vie innocente , & en
» recherchant la Vertu de tout notre pou-
» voir. « Car, suivant leur principe, » Si
» la capacité est infinie , & que le Bien

» qu'elle produit ne le foit point, la Vertu
» n'eft qu'imparfaite, & le Quotient ne
» peut jamais furpaffer l'*Unité*.

Maniére d'apprécier le Mal moral.

XII. De même le dégré de méchanceté
de chaque Tempérament eft précifement
comme la quantité du mal produit, & en
raifon inverfe comme les talens. Il eft rare
cependant que les Actions vicieufes ayent
pour principe une intention abfoluë de
mal-faire, ou une malice délibérée: elles
ne font ordinairement occafionnées que
par une colére fubite, par l'Amour propre, par quelque Paffion ou Appétit intéreffé, par des Attachemens ou des Affections particuliéres.

· Il peut cependant arriver que les mêmes motifs intéreffés qui coopérent ou qui
s'oppofent à la bonté du Tempérament,

coopérent ou s'oppofent de même à fa méchanceté. Ils diminuent le mal moral dans le premier cas, & prouvent dans le fecond une méchanceté de Tempérament d'autant plus grande, qu'elle a été capable de furmonter ces motifs intéreffés.

De l'Intention & de la Prévoyance.

Il eft à propos d'obferver qu'on regarde non-feulement l'innocence comme l'appanage de tous les mortels, mais qu'on les fuppofe naturellement portés au Bien public *; de forte que le fimple défaut de ce defir fuffit pour faire regarder un Agent comme méchant. Il n'eft pas même néceffaire pour rendre une action mauvaife, qu'on ait une intention directe de nuire au Public; il fuffit que cette action parte d'Amour propre, d'un mépris abfolu du

* Voyez le Traité IV. § 6.

bonheur des autres, ou d'une insensibilité pour leur misére qu'on prévoie actuellement, ou qu'on a lieu de présumer.

Il faut cependant avouer que ce *Mal public*, que je n'ai pû ni prévoir, ni présumer devoir suivre de mon action, ne sçauroit la rendre criminelle ou odieuse, quoique j'eusse pû le prévoir en examinant sérieusement mes propres actions, parce que ces derniéres ne prouvent formellement ni *Malice* ni défaut de *Bienveillance* : mais cela n'empêche point que la négligence que j'ai apportée à examiner les suites de mon action, ne marque un défaut de ce degré de bonne volonté qui constitue la bonté du caractére. D'où il suit que ma faute consiste proprement dans cette négligence, plûtôt que dans l'Action qui est la suite de ma *bonne intention*. Cependant comme les Loix humaines

humaines ne peuvent découvrir l'*inten-*
tion ou la connoiffance fecrette de l'*Agent,*
elles doivent juger en général de l'action
même, & fuppofer qu'en la faifant, nous
avons eu toute la connoiffance que nous
fommes obligés d'acquérir.

Il eft encore certain que tout bon effet
que je n'ai ni prevû, ni eu intention de
produire, ne fçauroit rendre mon action
moralement vertueufe, quoique les Loix
humaines, qui ne peuvent pénétrer les intentions des hommes, ni découvrir leurs
deffeins cachés, récompenfent avec juftice
les actions qui tendent au bien public,
quoique l'Agent ne les ait faites que par
des motifs intéreffés, & n'y ait été porté
par aucune difpofition vertueufe.

Les *Crimes d'ignorance,* lorfque celle-ci eft
vincible & coupable, eu égard aux fuites
naturelles de l'action, différent de ceux

M

de malice, ou qui ont été commis avec
une intention directement mauvaife, en
ce que par la négligence qui a précédé,
les premiers marquent un défaut de Bienveillance ou d'Affection, & les derniers
des Affections directement mauvaifes, qui
font infiniment plus odieufes.

La Moralité eft tout-à-fait diftincte de l'intérêt.

XIII. Il fuit des raifonnemens précédens, » Que le Sentiment que nous
» avons de la Bonté ou de la Beauté mo-
» rale des Actions, eft tout-à-fait diftinct
» de l'avantage qui nous en revient. «
Car fi l'approbation que nous leur donnons n'avoit d'autre principe que l'intérêt, nous ne ferions aucun cas de l'habileté
de l'Agent, lorfqu'elles ne nous regardent

point perfonnellement, & nous ne les efti-
merions qu'à proportion du bien qu'elles
nous procurent. La *Capacité* ne fert qu'à
marquer le dégré de Bienveillance, ce
qui prouve, que celle-ci eft néceffairement aimable. Qui jamais a préféré une
métairie inculte ou une maifon incommode, fur ce qu'on lui a dit que le
Fermier l'a augmentée autant qu'il l'a
pû, à un logis dans lequel on trouve toutes
les commodités imaginables? Cependant
malgré le Sentiment que nous avons des
actions qui n'ont qu'une utilité médiocre,
rien ne feroit plus capable d'augmenter
la beauté de ces chofes, que d'alléguer,
∞ Que c'eft tout ce que la médiocrité de
∞ l'Agent a pû faire pour le Public, ou
∞ pour fon ami. ∞

M ij

De la Moralité des Caractéres.

XIV. La *Beauté morale* des Caractéres naît de leurs actions, ou du defir fincére qu'on remarque en eux de contribuer au bien public felon leur pouvoir ; & nous en jugeons par leurs difpofitions fixes, non point par les faillies particuliéres de quelques Paffions auxquelles l'Amitié n'a nulle part, quoique celles-ci affoibliffent la *Beauté* des bons Caractéres, de même que les mouvemens des affections bienfaifantes diminuent la laideur des mauvais. La vertu des Caractéres ne confifte donc point dans quelques mouvemens accidentels de compaffion, d'affection naturelle, ou de gratitude, mais dans une humanité conftante, ou dans un defir fincére de procurer le bien de tous ceux dont nous pouvons avoir connoiffance, dans des actes

uniformes de *Bienveillance*, ou dans la recherche exacte des moyens qui peuvent
nous mettre à portée de favoriſer leurs
intérêts. Il eſt vrai que tout mouvement
affectueux a quelque choſe d'eſtimable;
mais cela n'empêche point que nous ne
dénommions le Caractére du principe qui
domine.

L'Inſtinct peut être une ſource de vertu.

XV. Pluſieurs ont peine à convenir,
que la Vertu puiſſe avoir pour principe
les Paſſions, les Inſtincts ou les Affections
de toute eſpéce. Il eſt vrai, que les Paſſions douces & particuliéres n'ont qu'un
dégré de bonté ſubalterne, lors même
qu'elles ne ſont point oppoſées au Bien
général. Quant aux *Déterminations* plus
douces de la volonté, quelle qu'en ſoit
l'étenduë, ou aux Affections fortes, mais

tranquilles , ou à la Bienveillance , on peut en attendre de meilleurs effets. Ces derniéres peuvent être auſſi fort enracinées dans notre ame, & nous pouvons y être auſſi naturellement diſpoſés, qu'aux Paſſions particuliéres. On dira, ʺ Que la ʺ Vertu ne doit avoir d'autre principe, ʺ que la Raiſon ʺ; comme ſi la Raiſon, ou la connoiſſance d'une propoſition vraie, pouvoit jamais nous mettre en action, lorſqu'il ne s'offre ni fin ni but auquel nous ſoyons portés par deſir ou par inclination.* Voyez ſur ce ſujet le Traité IVᵉ de l'Eſſai ſur les Paſſions, Sect. I. & II.

* Les Auteurs de ce Sentiment devroient ſe ſouvenir de la Doctrine ordinaire des Ecoles, ou la mieux réfuter. Elle enſeigne, que le προαίρεσις ſi néceſſaire dans les Actions vertueuſes eſt l'ὄρεξις βουλευτική; & que la Vertu a non-ſeulement beſoin du λογον ἀληθῆ, mais encore de l'ὄρεξιν ὀρθήν. Ceux qui nient que les Affections, ou les mouvemens de la volonté ſoient les ſources

La derniére fin de l'homme, si l'on en croit la plûpart des Moralistes, n'est autre que son propre bonheur. Cependant il le recherche par instinct. Pourquoi donc un autre instinct pour le Public, ou pour le bien d'autrui, ne seroit-il pas un principe aussi capable de nous porter à la Vertu, que celui qui nous fait rechercher nôtre bonheur personnel ? Il est certain

propres de la vertu la plus éminente, sont forcés malgré eux de reconnoître dans les hommes éminemment vertueux, & même dans la Divinité, une disposition fixe & volontaire, ou une détermination constante, ou un desir d'agir conformément à la raison, ou une Affection décidée pour certaines maniéres d'agir. Or un adversaire de mauvaise humeur ne manquera point d'appeller ceci un Instinct, une Disposition essentielle ou naturelle de la volonté, une Détermination affectueuse vers l'objet sublime que l'entendement lui présente. Voyez Aristote, *Magn. Moral. lib.* I. *c.* 18. 35. *& lib.* 2. *c.* 7. *&* 8. ainsi que dans plusieurs autres endroits.

qu'au lieu que nous regardons les actions intéreſſées des autres tout au plus avec indifférence, nous trouvons quelque choſe d'aimable dans celles qui partent d'une Paſſion ou d'une Affection bienfaiſante pour autrui, lorſqu'elles ſont conduites avec prudence & avec ſuccès, ſans préjudicier au bien public. On dira peut-être, » Que les actions qui naiſſent » de l'inſtinct, ne ſont point l'effet de la » prudence & du choix « ; mais cette objection a également lieu à l'égard de celles qui n'ont d'autre principe que l'Amour propre, puiſque nous n'avons pas moins beſoin de notre raiſon, pour procurer le bien public, que le nôtre propre. Ainſi, comme c'eſt par inſtinct, ou par une *Détermination* antérieure à la raiſon que nous recherchons nôtre propre bien, ou celui du Public, comme nôtre fin, nous avons également befoin de prudence & de choix dans l'emploi des moyens qui peuvent contribuer à tous les deux. Je ne vois aucun inconvenient à fuppofer, » Que les hommes font na-» turellement difpofés à la Vertu, & ne » reftent dans l'indifférence que jufqu'à » ce que quelque motif intéreffé les invite » à la pratiquer. « Il eft certain que rien ne feroit plus capable de faire aimer le Genre humain & fon Auteur à un homme de bien, & de le porter à employer fa raifon, à imaginer & établir des *Droits,* des *Loix,* des *Conftitutions,* à inventer des Arts, & à les pratiquer de la maniére la plus propre à fatisfaire fon inclination bienfaifante, que de fuppofer une pareille difpofition dans tous les hommes. Que s'il faut faire intervenir l'Amour propre pour prouver que la Vertu n'a rien que de conforme à la raison ; il sera facile de découvrir avec un peu de réflexion, ainsi qu'on le verra dans la suite, que cette Bienveillance fait nôtre plus grand bonheur. Il résulte de-là que nous devons nous résoudre à la cultiver avec tout le soin possible, & à mépriser tout intérêt contraire. Ce n'est pas qu'il suffise pour être véritablement vertueux de rechercher le plaisir qui résulte de la Bienveillance sans aimer nos semblables ; car ce plaisir même n'est fondé que sur la persuasion où nous sommes que l'Amour qui produit nos actions, est absolument désintéressé. Mais l'Amour propre peut nous porter à exciter en nous ces sortes d'Affections bienfaisantes, & à persister dans cet agréable état, quoiqu'il ne

puiſſe être le ſeul ou le principal motif des
actions que nous eſtimons vertueuſes par
un Sentiment moral *.

* C'eſt en ce ſens qu'on doit entendre pluſieurs
paſſages de Platon, d'Ariſtote, de Ciceron, &
de pluſieurs autres Auteurs anciens, où il eſt parlé
» d'un inſtinct naturel, ou d'une inclination qui
» porte tous les Étres à travailler à leur propre
» conſervation, & à atteindre à la plus haute per-
» fection, comme la ſource de la Vertu. « On
convient généralement, que nous avons cet inſtinct, & qu'il opére d'abord d'une maniére très-
indéterminée, juſqu'a ce que nous ayons examiné
notre Conſtitution & nos différentes facultés. En
agiſſant de la ſorte, nous trouvons, ſelon eux,
les principes naturels de la Vertu, ou les φυσικαὶ
ἀρεταὶ qui ſont en nous, & nous les regardons
comme les plus nobles parties de notre Étre :
tels ſont le deſir d'augmenter nos connoiſſances,
le goût que nous avons pour la Beauté, ſurtout
celle de l'eſpéce morale, nos Affections ſociales,
&c. Nous trouvons avec le ſecours de la réflexion que ces Qualités nous ſont naturelles, &
l'inſtinct dont on a parlé plus haut, nous porte
à les perfectionner. On auroit cependant tort de
conclure de-là, que toutes nos Affections n'ont

L'Héroïsme est de tout état.

Les raisonnemens précédens me four-
nissent une conséquence capable de combler de joie tous les hommes, même ceux
qu'on estime les plus abjects. C'est, » Que
» nul état extérieur de la Fortune, nul
» désavantage involontaire, ne peuvent
» empêcher aucun Mortel d'aspirer à la

d'autre principe que l'Amour propre & ne tendent uniquement qu'à nôtre intérèt personnel.
Les Affections désintéressées sont regardées comme faisant naturellement partie de notre Constitution; on les y découvre à l'aide de la réflexion; & elles sont indépendantes de notre choix,
ainsi que des avantages qui peuvent nous en
revenir. Voyez Ciceron, *de Finib. lib.* 3. *& 5.*
Un pareil Sentiment seroit fort opposé à ce que
ces grands hommes ont écrit sur l'Amitié, sur
l'Amour qu'on doit à sa Nation, & autres semblables sujets. Voyez Aristote, *Magn. Moral. &
Nicom.* sur l'Amitié, & Ciceron, *de Finib. lib.*
2. *& 5.*

» Vertu la plus héroïque «. Car quelque petite que foit la part de bien public, qu'un homme procure, il fuffit pour rendre fa Vertu auffi grande qu'elle puiffe être, qu'elle foit proportionnée à fes Facultés. Le Souverain, l'homme d'Etat, le Général d'Armée ne font pas les feuls, qui ayent droit d'afpirer au véritable Héroïfme, quoiqu'ils foient les feuls, dont la réputation intéreffe tous les Ages & toutes les Nations. Un Commerçant, honnête homme, qui réunit en lui l'ami généreux, le confeiller prudent & fidéle, le voifin charitable, l'époux tendre, le parent affectionné, le compagnon paifible & amufant, le protecteur zélé du mérite, l'arbitre circonfpect des querelles & des débats, le conciliateur de l'union & de la bonne intelligence entre

les personnes de sa connoissance ; nous paroîtra aussi estimable, qu'aucun de ceux
dont l'éclat extérieur éblouit les igno-
rans au point de les leur faire regarder
comme les seuls Héros vertueux, si l'on
fait attention qu'il s'acquitte de tous les
bons offices que son état lui permet de
rendre aux autres.

SECTION IV.

Tous les hommes approuvent les Actions morales sur ce fondement général.

Origine de leurs différentes Opinions touchant les Êtres moraux.

Universalité de ce Sentiment moral.

I. IL s'agissoit jusqu'ici de montrer combien est général ce consentement des hommes sur ce que nous avons posé pour fondement universel de ce Sentiment moral, je veux dire la Bienveillance ; & nous avons observé, que quand on nous demandoit la raison de l'approbation que nous donnons à une action, nous alléguions ses avantages pour le Public, & non pour celui qui en est l'Auteur ;

mais il y a plus. S'il s'agit de justifier une action censurée, & de repousser le blâme dont on la charge, nous disons généralement pour toute défense, que nous n'avons fait tort à personne, & que notre action a produit plus de bien que de mal. Condamnons - nous quelques traits de la conduite d'un homme ? Nous nous attachons principalement à montrer, qu'elle a été préjudiciable à d'autres, qu'à l'Agent, ou du moins qu'il a peu ménagé leurs intérêts, quoiqu'il eût le moyen de les favoriser, & qu'il y fût obligé, soit par reconnoissance, soit par affection naturelle, ou par quelqu'autre motif désintéressé. S'il nous arrive de reprendre les autres sans avoir aucun égard au rapport de leurs actions avec le Bien public, c'est par un effet de la Bienveillance, qui ne nous permet alors d'ouvrir les yeux que

que fur le mal que les particuliers en ont
fouffert *. Perfonne n'ignore, combien une
faute eft diminué par cette excufe, » Que
» le malheureux ne nuit qu'à lui-même , «
& combien de fois cette réflexion a chan-
gé la haine en pitié. Nous reconnoîtrons
cependant en y regardant de plus près ,
que prefque toutes les actions qui nous
portent un préjudice immédiat, & qu'on a
coutume de regarder comme innocentes
relativement aux autres, nuifent véritablement au bien public en ce qu'elles nous

---

* Outre cette Approbation ou Eftime morale,
nous avons un goût naturel immédiat pour certaines facultés & certains talens, auffi bien que
pour le bon ufage qu'on en fait ; & nous méprifons ceux qui en font privés, ou qui ne les ont
point cultivés , lors même que nous ne les
croyons d'aucune utilité pour le public : mais
c'eft-là appercevoir ce qui conftitue la grandeur
ou la baffeffe d'un caractére, plûtôt que ce qui en
fait la vertu ou le vice.

rendent incapables de remplir les devoirs auxquels nous nous ferions prêtés, & pour lesquels nous avions peut-être du penchant. Tel est le jugement qu'on doit porter de l'intempérance & du luxe.

La Bienveillance, fondement unique de nôtre approbation.

II. Nous observerons encore, qu'on n'approuve jamais une action, que sur l'opinion bien ou mal fondée qu'elle a quelque qualité morale vraiment bonne. Si nous examinons ce que les hommes pensent des actions, nous découvrirons qu'on doit toujours leur approbation au moins à quelque apparence de Bienveillance & de Bonté. Ils peuvent se tromper, en regardant comme favorables au bien public des actions qui lui sont préjudiciables ; ou fixer tellement leur attention

fur quelque effet particulier qui leur paroît bon, qu'un grand nombre de confé-
quences mauvaifes qui l'emportent fur le
Bien, leur échappent entiérement. Nôtre
raifon eft fujette à tomber en défaut, en
ne nous préfentant qu'imparfaitement le
but des actions : mais s'il nous arrive d'approuver, c'eft toujours quelque apparence
de Bienveillance qui nous determine. Il
en eft du Sentiment moral, comme des
autres Sens. La vûe féduifante de quelque avantage apparent peut bien l'incli-
ner, mais non pas fufpendre fon opéra-
tion. Il agit au dedans de nous, nous met
mal à notre aife, & nous rend mécontens
de nôtre propre conduite. Le Sens du
goût n'eft pas plus véridique, lorfque
nous fommes forcés de le choquer par
un intérêt qui nous force à prendre un
breuvage défagréable.

N ij

Fausses Approbations.

Il est donc inutile d'objecter ici, qu'on fait & qu'on approuve tous les jours des actions préjudiciables au bien public : on peut dire dans le même sens, qu'on fait & qu'on approuve tous les jours des actions qui nuisent au bien particulier. Mais comme nous n'inférons point de ces derniéres, qu'en les faisant, l'Agent étoit privé d'Amour propre, ou du sentiment de son intérêt ; nous aurions tort de conclure des premiéres, que ceux qui les ont faites n'avoient point le Sentiment moral, ou l'affection du Bien public. Voici ce qui arrive alors. On se trompe sur le rapport des actions avec le bien public ou particulier ; quelquefois même, dans les agitations d'une Passion violente, on approuve de mauvaises actions, & on en estime comme avantageuses à soi-même,

qui font vraiment pernicieufes. Mais il
s'enfuit feulement de-là, que nous pouvons agir quelquefois par un motif plus
puiffant que le fentiment du Bien moral,
ou que la violence des Paffions eft capable
d'aveugler les hommes fur leurs véritables
intérêts.

Ainfi, pour prouver que nous n'avons
point le Sentiment moral, il faudroit apporter quelques exemples d'actions cruelles & malignes faites fans aucun motif
d'intérêt réel ou apparent, & approuvées
indépendamment de toute opinion de leur
utilité pour le Public, ou de leur Bienveillance pour le particulier. Il feroit néceffaire de citer une contrée, où le meurtre commis de fang-froid, la torture & les
autres procédés malfaifans fuffent approu-
vés, ou du moins regardés avec indifférence, fans qu'on y trouvât d'avantage,

& sans que les Spectateurs désintéressés ressentissent aucune aversion pour ceux qui en seroient les Auteurs. Il faudroit pouvoir enfin nous montrer des hommes chez qui la trahison , l'ingratitude & la cruauté fussent vûes du même œil , que la génerosité , l'amitié , la fidélité & l'humanité , & qui n'approuvassent pas plus ces derniéres Qualités , que les premiéres , dans les cas où ils n'auroient rien à craindre de celles que nous appellons mauvaises, & où les effets de celles que nous nommons bonnes , ne les concerneroient point eux-mêmes. Mais quelque vaste que soit cet univers , & quelle que soit la variété dans les Caractéres dont il est peuplé , on peut douter avec fondement qu'on trouve jamais , je ne dis pas une Nation , ni même une Société , mais un seul homme , qui regarde avec indifférence toutes les actions,

excepté celles qui ont rapport à ſes propres intérêts.

Raiſons de la diverſité des Mœurs tirées.

III. Il eſt aiſé après ce qu'on vient de
dire, de rendre raiſon de cette diverſité de
Principes moraux, qu'on remarque chez
les différentes Nations, & dans les différens
ſiécles, & qui vient principalement.

Des notions différentes du Bonheur.

1°. Des différentes opinions qu'on ſe
forme du Bonheur, & des moyens les plus
efficaces pour l'obtenir. C'eſt ainſi que
dans un pays où les hommes naiſſent naturellement courageux, & où la Liberté
paſſe pour le plus grand des biens, & la
guerre pour le moindre des maux, toute
révolte excitée par la défenſe des Priviléges eſt regardée comme un Bien moral,
à cauſe de la Bienveillance qui paroît en

N iiij

être le motif; au lieu que le même Sentiment de la Bonté morale de la Bienveillance rend ces mêmes actions odieuses dans un pays, où les hommes ont l'ame plus basse & plus timide, où la guerre civile est censée le plus grand des maux naturels, & la Liberté le moindre des Biens. C'est ainsi qu'à Lacédémone, où le mépris des richesses avoit introduit la négligence pour la sûreté des possessions, & où l'on souhaitoit le bien comme une chose naturellement avantageuse à l'Etat, la jeunesse étoit intrépide & rusée, & le vol si peu odieux, lorsqu'il étoit fait avec dextérité, que la Loi même en accordoit l'impunité.

On remarquera cependant, que dans ces cas & dans tous les autres qui leur ressemblent, nôtre Approbation n'a d'autre principe que la Bienveillance, ou quelque inclination réelle ou apparente pour le bien public. Car on ne doit pas s'imaginer, qu'indépendamment de toute obfervation, ce *Sentiment* puiffe nous donner des idées des actions complexes, non plus que du Bien ou du Mal qu'elles font naturellement capables de produire : il nous détermine feulement à approuver la *Bienveillance* par-tout où elle paroît, & à haïr la qualité contraire. De même, fans le fecours de la réflexion, de l'inftruction ou de l'obfervation, le Sentiment que nous avons de la *Beauté*, ne fçauroit nous donner l'idée des Solides réguliers, des Temples, des Cirques & des Théâtres : il nous porte feulement à aimer & à approuver l'Uniformité & la Variété par-tout où elles fe rencontrent. Qu'on life les préambules des Loix, qui font regardées comme injuftes, ou les apologies des Coutumes que nos Moralistes condamnent, on trouvera certainement, que les hommes se trompent souvent, en supputant l'excès du bien ou du mal naturel qui résulte de certaines actions; mais toujours est-il vrai de dire, que nous n'approuvons une action, qu'en vûe du bien qu'elle procure aux autres.

Coutumes barbares rapportées par les Voyageurs.

La même raison peut encore servir à refuter les objections qu'on propose contre l'universalité de ce *Sentiment*, & qui sont fondées sur les histoires que rapportent quelques Voyageurs, des cruautés étranges exercées dans certains pays contre les enfans & les vieillards. Si ces sortes d'actions partent d'un principe de colére, elles prouvent seulement, qu'il peut y avoir d'autres motifs capables de surmonter la Bienveillance lors même qu'elle devroit être la plus forte. Que si elles sont généralement approuvées, & regardées comme innocentes & licites, ce ne peut être certainement, que sous quelque apparence de Bienveillance, sous prétexte, par exemple, de mettre les uns & les autres à couvert des insultes d'un ennemi ; de les garantir des infirmités de l'âge, qui paroissent peut être à ces Peuples plus redoutables que la mort ; ou de délivrer les citoyens utiles à l'Etat du fardeau de les nourrir & de les soulager. L'amour du plaisir & du repos peut quelquefois l'emporter dans les Agents immédiats sur la reconnoissance que l'on doit à ses parens, ou sur l'Affection naturelle qu'on porte à ses enfans : mais le soin que ces Nations prennent de ceux-ci, malgré les embarras inséparables de leur éducation , est une preuve plus que suffisante de la tendresse qu'elles ont pour eux ; car je ne crois pas, qu'on doive imaginer chez ces Peuples une Loi assez scrupuleuse pour obliger les parens à élever un certain nombre d'enfans. On voit assez qu'une apparence de Bien public fût le fondement de la Loi aussi injuste que barbare que Licurgue & Solon établirent de tuer tous les enfans qui viendroient au monde avec quelque difformité , pour ne point surcharger l'Etat d'un nombre de citoyens inutiles *.

* Aristote approuve cette déraisonnable Ordonnance de Licurgue dans le viij. Livre de ses Politiques, où il dit : ‹‹ Quant aux enfans qu'on ‹‹ doit nourrir ou exposer, il faut faire une Loi ‹‹ qui défende d'en élever aucun qui soit contre- ‹‹ fait ou mutilé de ses membres; & dans les lieux ‹‹ où cette Loi seroit contraire aux Loix du pays, ‹‹ il faut limiter le nombre d'enfans que chacun ‹‹ doit avoir, & faire ensuite blesser les femmes

Un Auteur moderne fort ingénieux *
condamne avec beaucoup de raison le
goût abfurde & monftrueux de ceux qui
ont écrit des voyages, & de ceux qui les
lifent. Ils paffent affez legerement fur ce
qui concerne les Affections naturelles,
les familles, les affociations, les amitiés,
les liaifons des Indiens : à peine daignent-
ils nous parler de l'horreur qu'ils ont pour
la trahifon, du zéle & de l'ardeur avec
laquelle ils fe défendent réciproquement,
du mépris qu'ils font de la mort, quand
il s'agit de défendre leur patrie ou leur
honneur. » Ce font des traits communs

» avant que les enfans ayent fentiment & vie :
» car ce feroit un crime horrible de le faire,
» après qu'ils font tout-à-fait formés. « Quelle
ignorance & quelle folie ! Ariftote s'éloigne en
cela des vûes de Platon, qui avoit été beaucoup
plus fage.
　* Milord Shaftfbury, vol. I. pag. 346. &
fuivantes.

» qui ne méritent pas qu'on forte de
» l'Europe pour s'en inftruire ; nous en
» avons tous les jours autant foùs les
» yeux. « A quoi ces Auteurs ingénieux
s'attachent-ils donc principalement? C'eft
à exciter de l'horreur & de la furprife
dans ceux qui lifent leurs ouvrages. Le
foin avec lequel les Indiens veillent à la
confervation de leurs femmes, de leurs
enfans ou de leurs proches, n'a rien
d'extraordinaire ; mais un facrifice humain, une fête célébrée fur le cadavre
d'un Ennemi, font des objets capables
d'infpirer de l'horreur & de l'admiration
pour la barbarie des Indiens, à des
Nations qui ont oui parler du maffacre
de la Saint Barthelemi, de la révolte
d'Irlande, & de ce qui fe paffe dans
le Tribunal infame de l'Inquifition. Ces
derniers traits excitent dans ceux qui

les lifent une vénération religieufe, tandis qu'ils regardent avec autant d'horreur que de furprife les facrifices des Indiens, quoiqu'ils partent d'un même principe d'inhumanité & de fuperftition. Ce qui m'étonne le plus dans ces fortes d'études, c'eft la fimplicité avec laquelle certaines perfonnes, qui fe croyent extrêmement capables d'ailleurs, fe rendent garans de ces Mémoires merveilleux qui nous ont été laiffés par des Moines, des Capitaines de Vaiffeaux & des Pirates, ainfi que des Hiftoires, des Annales & des Chronologies qui ont paffé jufqu'à nous par Tradition ou par le canal des Hiéroglyphes.

Ufage de la Raifon dans la Morale.

La raifon n'a été donnée aux hommes que pour pouvoir juger des fuites de leurs actions, & pour les empêcher de fuivre

ſtupidement les premiéres apparences de
bien public. Cependant cette apparence
de *Bien* eſt l'unique objet de leurs recherches. Il eſt même étrange qu'on regarde
généralement les hommes comme raiſonnables, vû les opinions ridicules qui ont
cours en pluſieurs endroits, & qu'on allégue les pratiques abſurdes auxquelles elles
ont donné lieu, comme un argument contre le *Sentiment moral*; au lieu d'attribuer
leur mauvaiſe conduite à la fauſſeté de leurs
jugemens ou de leurs opinions, plûtôt qu'à
l'irrégularité de ce Sentiment. S'il eſt vrai
qu'en ôtant la vie à un vieillard, on rende
ſervice au public, & qu'on mette fin aux
miſéres du défunt, je ne vois rien dans
cette action qu'on ne puiſſe juſtifier. Ce
vieillard ne peut-il pas même choiſir ce
ſort dans l'eſpérance de jouir d'un état
plus heureux ? Si un enfant vient au
monde

monde fi foible & fi difforme, qu'il ne doive être d'aucune utilité au Genre humain, & qu'il devienne au contraire un fardeau affez infupportable pour plonger tout l'Etat dans la mifére, il eft jufte de lui donner la mort. Tout le monde convient de la juftice d'une pareille action dans le cas où un Vaiffeau court un rifque évident de périr dans une tempête, pour être trop chargé. A l'égard du meurtre des enfans dans le cas où l'on en a un nombre fuffifant, peut-être le pratique & le permet-on par un motif intéreffé : mais j'ai peine à croire qu'il ait jamais paffé pour une action louable. Si les pierres, le bois, les métaux font de véritables divinités, s'ils ont de l'intelligence & de la puiffance, & fi nous leur fommes redevables de quelques bienfaits ; rien n'eft plus jufte que de les prier & de les

O

honorer. Si l'Être suprême se plaît au culte des ſtatues, ou des images, ou de quelqu'autre ſymbole, dont la préſence & l'influence ſoient plus immédiates, il eſt indubitable que le culte des images n'a rien que de vertueux. Aime-t-il les ſacrifices, les mortifications, les cérémonies & les ſoumiſſions ? Rien n'eſt plus louable que d'y ſatisfaire. Le ſentiment que nous avons de la Vertu nous conduit pour l'ordinaire d'une maniére aſſez conforme à nos opinions ; d'où il réſulte que les pratiques abſurdes qui ont cours dans le monde, prouvent bien plûtôt que les hommes ſont déraiſonnables, qu'elles ne marquent qu'ils n'ont aucun Sentiment moral de la beauté des actions.

Les Syſtêmes bornés pervertiſſent le Sentiment moral.

IV. La ſeconde cauſe de la diverſité

des Sentimens, n'eſt autre que la variété des Syſtêmes auxquels les hommes bornent leur *Bienveillance* par une fauſſeté de jugement. On a vû ailleurs *, que rien n'eſt plus beau ni plus raiſonnable, que d'avoir une *Bienveillance* plus forte pour les parties moralement bonnes du Genre humain, qui ſont utiles au Tout, que pour celles qui lui ſont inutiles ou préjudiciables. Cela étant, ſi les hommes conçoivent une opinion baſſe & mépriſable de quelque corps ou ſecte que ce ſoit, s'ils la regardent comme portée à la deſtruction des parties les plus eſtimables, ou comme inutile au Genre humain ; la *Bienveillance* même les portera à négliger ſes intérêts ou à la détruire. Cette ſeule raiſon peut exciter les nations qui ont la plus haute idée de la Vertu, à regarder toute

* Part. I. Sect. III, Art. 10.

O ij

action contre un ennemi comme juste, comme elle engagea les Grecs & les Romains à réduire ceux qu'ils appelloient barbares, sous le joug insupportable de l'esclavage.

Rien de plus pernicieux à la Vertu que les Sectes.

L'Auteur, dont j'ai parlé plus haut *, observe avec raison, » Que les Sectes, » les Partis, les Factions & les Cabales » qui partagent les grandes Sociétés, doi- » vent leur origine à l'Esprit républicain ; » que quelques notions généreuses du bien » public, certaines inclinations bienfaisan- » tes, leur donnent d'abord naissance, & » portent les membres de la même Fac- » tion ou Cabale à se secourir de toutes

* Milord Shaftsbury, Essay on Wit and-humour, Part. III. Sect. 2. vol. 1. pag. 110.

» leurs forces, fans aucune vûe d'intérêt ;
» que toutes les contentions des différens
» Partis, & même les guerres civiles qui
» s'élevent entr'eux, n'ont d'autre motif
» que le bien public & l'amour de la fo-
» ciété dans un fyftême particulier. « Mais
il eft certain que les hommes ont peu
d'obligation à ceux qui allument & fo-
mentent fouvent par artifice cet Efprit
de Parti, ou qui les divifent en différentes
Sectes pour la défenfe de caufes frivoles.
Les Affociations qui ont pour but un
commerce innocent, ou l'établiffement
des Manufactures ; les complots qui ne
tendent qu'à défendre la liberté contre
les entreprifes d'un tyran ; les fociétés
même dans lefquelles on ne fe propofe
d'autre but que l'amufement & le plaifir
de la converfation, n'ont rien que de bon
& d'eftimable : mais lorfque les hommes

O iij

s'infatuent de quelque opinion frivole ; que des personnes artificieuses insinuent dans leur esprit des idées bisarres de sainteté & de religion, par des dogmes & des exercices incapables d'augmenter l'amour qu'on doit à Dieu & au Prochain ; qu'on apprend aux différentes Factions à se regarder les unes les autres comme odieuses, profanes & méprisables, à cause de la différence des dogmes & des opinions, lors mêmes que ces dogmes, vrais ou faux, sont peut-être absolument inutiles au bien public ; lorsque les esprits se passionnent pour ces sottises, & que les hommes commencent à se haïr réciproquement pour des choses qui n'ont rien de mauvais par elles-mêmes, & à aimer les Zélateurs de leur propre Secte pour des qualités qui n'ont rien d'estimable, & seulement à cause de la rage, de la fureur

& de la malice qu'ils témoignent pour les Sectes opposées, (ce que tous les Partis appellent communément du nom de zéle ;) alors il n'est pas étonnant que le *Sentiment moral* s'affoiblisse, & que les notions naturelles que nous avons du *Bien* & du *Mal* s'éteignent presque tout-à-fait, vû que nôtre admiration, nôtre amour, nôtre mépris & nôtre haine, s'écartent de leurs objets naturels.

Si quelqu'un est assez heureux pour n'avoir jamais entendu parler des dogmes de la plûpart de nos Sectes, ou supposé qu'il en ait connoissance, pour n'en avoir jamais épousé aucune, ou les avoir toutes adoptées également ; il peut se flatter d'avoir une disposition vraiment bonne & naturelle, parce que son caractére n'a jamais été corrompu par de vaines bagatelles, & qu'il n'a conçu ni mauvaise humeur ni animosité contre aucun homme de leur parti. Si quelques opinions méritent qu'on prenne leur défense, ce sont celles qui nous donnent des idées aimables de la Divinité & de nos semblables : mais on doit s'opposer fortement à celles qui font naître dans nôtre esprit des scrupules touchant la bonté de la Providence, ou qui nous représentent le genre humain comme méprisable & intéressé, en nous insinuant insensiblement ce principe dénaturé, artificieux & méchant : „ Que les actions les plus généreuses n'ont „ d'autre source que l'Amour propre. " Cette Philosophie de quelques-uns de nos Modernes ne tend, comme celle d'Épicure, qu'à nous inspirer du chagrin, des soupçons & de jalousie; ce qui fait un état infiniment plus triste que quelques peines passagéres, auxquelles nôtre bon cœur & nôtre crédulité pourroient nous expofer : mais, graces à l'Auteur bienfaifant de nôtre Etre, nous fommes naturellement portés, en dépit de ces opinions, à avoir les uns pour les autres une amitié, une fidélité & une confiance réciproques.

Si nous pouvions entrer en liaifon avec les voleurs qui nous donnent des marques du Sentiment moral dans la divifion équitable & proportionnelle de leur proie, & dans la fidélité qu'ils obfervent les uns envers les autres, nous reconnoîtrions qu'ils ont des idées morales de leur profeffion auffi fublimes que s'ils avoient en partage la vraie générofité, le vrai courage, l'honneur réel, & même la vraie probité ; qu'ils traitent de lâches, d'intéreffés, de fots & de débauchés, ceux que nous appellons honnêtes gens, gens induftrieux ; & qu'ils prétendent que les richesses dont ceux-ci sont en possession, pourroient être beaucoup mieux distribuées, employées à de meilleurs usages, & appartiendroient beaucoup plus équitablement à de braves gens comme eux, qui ont autant de droit de vivre dans l'opulence que leurs voisins, dont ils ont encore à supporter la haine. Écoutons les discours de nos débauchés de profession, des hommes les plus dissolus : nous verrons quel usage ils ont fait de leur imagination pour pallier leurs vices, & pour leur donner les noms & l'appareil de la liberté, de la générosité & d'un juste ressentiment contre de vils inventeurs de loix artificieuses, qui n'ont eu d'autre but, disent-ils, que d'enchaîner leurs égaux, & de les gêner dans leurs plaisirs.

Il n'y a peut-être aucun homme qui ait persévéré pendant quelque tems dans le vice sans remords, qui ne se soit fait un fantôme séduisant de Bonté morale, qui ne lui aura pas permis d'appercevoir les suites inhumaines & barbares de ses actions. On ne se dit point grossiérement à soi-même qu'on est un brigand : on ne se familiarise point avec l'idée révoltante de méchant homme. Il s'enfuit donc delà, qu'on se dérobe la turpitude de ses actions par quelque enveloppe qui les rend supportables. Ce que nous appellons avarice, l'Avare le qualifie d'attention circonspecte au besoin de sa famille & de ses amis. Ce que nous regardons comme fourberie, le Fourbe l'appelle conduite adroite. Ce qui passe parmi nous pour haine & vengeance, le Vindicatif le nomme juste sentiment d'honneur, & défense raisonnable de ses droits & de sa réputation.

Ce qui dans la perſonne de l'ennemi
nous paroît meurtre, feu, ravage & dé-
ſolation, l'Ennemi le traite de courage,
d'amour de la patrie, & d'attachement à
ſes vrais intéréts. Ce que nous traitons
de perſécution, paſſe dans l'eſprit de
l'Enthouſiaſte pour zéle de la vérité &
du bonheur éternel des hommes que les
Hérétiques cherchent à pervertir. On
n'agit dans toutes ces occaſions que par
un faux ſentiment de Vertu, une idée
de Bienveillance mal entenduë, des vûes
partagées & retrécies du bien public, &
des moyens de le procurer ; en un mot,
dans un ſyſtême étroit, & fondé ſur des
conventions ridicules. Ce n'eſt point la
méchanceté pure, le plaiſir de voir &
de faire des malheureux, qui a produit les
crimes dont nos Hiſtoires ſont ſouillées :

c'eſt communément un fantôme extrava-
gant de quelque vertu mutilée.

Inſani ſapiens nomen ferat, æquus iniqui,
Ultrà, quàm ſatis eſt, virtutem ſi petat ipſam.

      » Que le ſage paſſe pour fou, & l'hom-
» me équitable pour injuſte, s'ils recher-
» chent la vertu même avec des empreſſe-
» mens trop inquiets. « *

Fauſſes opinions des Loix divines.

V. Le dernier fondement de la diverſité des Sentimens naît des fauſſes opinions que l'on ſe forme des volontés &
des Loix de la Divinité. Nous ſommes
portés à nous y ſoumettre par reconnoiſſance & par le ſentiment d'un droit
dont nous imaginons la Divinité revêtuë,
de diſpoſer ſelon ſon bon plaiſir de la vie

* Horace, Epit. 6. Liv. 1. verſ. 15.

& des biens de ses créatures. Telles sont les opinions qui dans tous les tems ont produit tant d'extravagances, de superstitions, de meurtres & de dévastations. C'est un sentiment de vertu qui a donné lieu à tous ces crimes, dont il est inutile d'apporter des exemples particuliers. Il suffit d'observer qu'ils sont plûtôt des preuves de l'existence du Sentiment moral que des objections qu'on puisse lui opposer, puisque ceux qui les ont commis, supposoient dans la Divinité le droit de disposer de ses créatures, & qu'il étoit impossible qu'ils se crussent tenus à quelque reconnoissance envers le Ciel, sans se regarder comme obligés d'obéir à ses ordres. Sans cette idée de reconnoissance l'intérêt eût surmonté le Sentiment moral des actions, auxquelles on se portoit pour le satisfaire.

Quant aux vices dont la source est communément dans l'amour du plaisir, ou qui font occasionnés par quelque passion violente ; puisque leurs Auteurs ne tardent pas à s'appercevoir de leur malice, & qu'elle se présente quelquefois à eux dans la chaleur même de l'action, il en résulte seulement que le Sentiment moral & la Bienveillance peuvent céder aux sollicitations importunes des autres desirs.

L'Inceste objecté.

VI. Il est à propos avant que de quitter ce sujet, de refuter une des plus fortes objections qu'on ait faites contre ce que nous avons dit dans plusieurs endroits de cet Ouvrage, sçavoir, que ce *Sentiment* est naturel & indépendant de la *Coutume* & de l'*Éducation*. » Elle regarde certaines » actions que des nations entières ont

» euës en averfion du premier coup d'œil;
» tandis qu'elles ont paffé pour inno-
» centes & même pour honnêtes chez
» d'autres. Le meurtre n'eft pas plus
» abhorré des Chrétiens que l'incefte;
» même par ceux d'entr'eux qui n'igno-
» rent pas combien la premiére de ces
» actions eft préjudiciable au genre hu-
» main. Or nous convenons que ce qui
» eft naturel à un peuple doit l'être à
» tous. L'averfion que nous avons pour
» l'incefte n'eft donc point naturelle;
» puifqu'en Gréce c'étoit faire une action
» honnête que d'époufer fa belle-fœur,
» & qu'en Perfe parmi les Mages, c'en
» étoit une bonne que d'époufer fa mere.
» Ne peut-on pas conclure delà, dit-on,
» que nôtre averfion ou nôtre approbation
» pour toute action en général, naît de la
» Coutume & de l'Éducation? «

Après

Il ne sera pas difficile après ce que nous avons dit plus haut, de répondre à ce qu'on nous objecte. Si le Sentiment moral ne nous étoit point naturel, nous ne regarderions l'inceste que comme une action contraire à nos vrais intérêts, & conséquemment nous l'éviterions, & nous ne blamerions les incestueux que comme nous blamons un marchand qui se ruine; ensorte que l'espece d'aversion que nous aurions supposeroit encore le Sentiment du Bien moral. Il est vrai que la plûpart de ceux qui ont l'inceste en aversion, n'ont jamais reflechi sur ce que certaines fortes d'incestes ont de contraire au bien public, & n'en connoissent point les suites : mais il faut convenir avec moi que partout où cette action est proscrite, c'est qu'on la conçoit comme criminelle aux yeux de la Divinité, & comme exposant à sa juste vengeance celui qui s'en rend coupable ; or on convient généralement qu'il n'y a point d'ingratitude plus noire, ni d'extravagance plus outrée, que d'agir contre la volonté d'un Être tout-puissant, à qui l'on a des obligations. On apperçoit donc dans l'inceste quelque qualité moralement mauvaise, & il rentre dans l'ordre général des actions dont le fondement est mauvais, & qui péchent par défaut de Bienveillance. Mais il y a plus, partout où l'on regardera l'inceste comme criminel devant Dieu ; cette action sera opposée d'une autre maniére encore à la Bienveillance ; car dès lors on pourra regarder l'incestueux comme un Être qui expose un semblable qui doit lui être cher par les liens du sang, au dernier degré de misere, à la honte, à l'infamie & au chatiment. Quant aux contrées où l'on n'est

point perſuadé que la Divinité ait défen-
du l'inceſte, & l'ait en averſion, on peut
le regarder comme innocent, s'il n'entraine après lui aucune ſuite facheuſe.

De même qu'il arrive que des gens qui
ont du goût participent à l'averſion que
ceux avec leſquels ils vivent, & avec leſquels ils ont été élevez, ont pour de
certains mets, ſans en avoir goûté ; il
peut arriver de même qu'on ait le Sentiment moral, & qu'on regarde par une
foi implicite aux opinions d'autrui, comme moralement mauvaiſes, des actions
en qui on n'apperçoit aucune qualité contraire au bien public ou particulier ; on
préſume en pareils cas que les autres ſont
plus éclairez. L'éducation produit le même effet que la préſomption. On en reçoit
des idées qui donnent lieu à une averſion
qui n'eſt point autoriſée par la raiſon.

Quoiqu'il en soit, sans le Sentiment moral nous ne pouvons nous prévenir contre une action, qu'en la regardant comme naturellement contraire à nos intérêts.

L'Éducation ne donne point le Sentiment moral.

VII. On s'assurera de l'universalité du Sentiment moral, ou de sa *Priorité* à toute instruction, en observant les enfans, en étudiant leurs sentimens, & se rappellant les contes dont on les berce, aussi-tôt qu'ils sont en état d'entendre leur langue. Ils se portent tous avec passion aux objets qui leur présentent de la douceur & de l'humanité ; leur aversion pour les gens cruels, avares, intéressés & traitres, n'est pas moins générale ; quelle joie, quel chagrin, quel amour & quelle indigna-tion ne remarquons-nous pas en eux aux peintures morales qu'on leur fait des actions ; l'effet de ces tableaux est indépendant des notions qu'on a pris la peine de leur donner d'un Dieu, des Loix, d'une vie à venir, & de toutes les opinions qui peuvent leur faire préferer le bien général au bien particulier. Toutes ces choses leur seroient inconnuës, que nous remarquerions en eux les mêmes impressions & avec la même force.

S E C T I O N   V.

Autre preuve que nous sommes naturellement disposés à pratiquer la Vertu. On décrit plus au long les différentes espéces de Bienveillance qui sont en nous, aussi bien que les divers autres motifs intéressés qui nous y portent, sçavoir, l'Honneur, la Honte & la Pitié.

Degrez de Bienveillance.

I. J'Ai taché de prouver ci-dessus que tous les hommes en général se sentent portés à avoir de la Bienveillance, même pour les parties les plus éloignées de leur espéce : mais on ne doit pas s'imaginer pour cela que toutes les affections bienfaisantes soient d'une même nature ou également fortes. On remarque quelques autres efpéces de Bienveillance bien plus étroites & bien plus fortes, lorfque les objets nous touchent de plus près, aux-quelles on a donné les noms d'*Affection naturelle*, de *Reconnoiffance* & d'*Eftime*.

Affection naturelle.

J'ai déja parlé * de cette efpéce d'*Affection naturelle* que les peres ont pour leurs enfans, & je me contenterai d'ob-ferver ici qu'elle fubfifte, quoique dans un moindre degré, parmi les collateraux, ainfi qu'on le remarque communement lorfqu'aucune oppofition d'intérêt ne pro-duit des actions contraires, ni ne con-trebalance la force de cette *Affection na-turelle*.

* Sect. II. Art. 9. Par. 2. 3.

P iiij

Le Mérite ni la Connoissance n'y ont point de part.

Il est bon de remarquer encore que l'*Affection* dont on vient de parler, est entiérement indépendante du *Mérite* & de la *Connoissance*, puisqu'elle est non-seulement antérieure à toute connoissance qui pourroit produire de l'estime, mais qu'elle agit encore dans les cas où cette connoissance devroit nous faire hair des enfans vicieux. Une preuve même que cette *Affection* est naturelle, c'est qu'elle descend toujours des peres aux enfans, & qu'elle ne monte point réciproquement des enfans aux peres. La nature qui paroît quelquefois fort œconome dans ses opérations, a donné aux parens une inclination très-forte pour le bien de leurs enfans; parce que ceux-ci ne péuvent communément fe paffer de leur fecours ; au lieu qu'elle a laiffé à la réflexion & à la reconnoiffance le foin de produire des retours d'amour dans les enfans pour leurs bienfaiteurs, qui font rarement dans le cas d'avoir autant befoin du fecours de leur poftérité que leurs en-fans en ont eu d'eux. Au refte s'il étoit vrai que la *Connoiffance* ou le *Mérite* pro-duififfent l'*Affection naturelle* dont nous parlons, elle devroit furement être plus forte dans les enfans qui font engagés de toutes les maniéres poffibles envers leurs parens, par une infinité de bons offices qu'ils en ont reçus ; au lieu qu'on remar-que tout le contraire. Bien plus, ce prin-cipe ne paroît point borné à l'humanité, mais il s'étend à tous les autres animaux, dans lefquels on ne fuppofe prefqu'aucune idée de mérite, & l'on remarque qu'il ne subsiste en eux, qu'autant de tems que les besoins de leur jeunesse le demandent. Il seroit même inutile qu'il en fût autrement, puisqu'après qu'ils sont devenus grands, ils sont hors d'état de se ressentir de l'amour de leurs meres. Mais comme il en est tout autrement avec les *Agents raisonnables*, aussi leurs *affections* durent-elles pendant toute leur vie.

Gratitude.

II. Rien n'est plus capable de nous donner une juste idée de l'ordre admirable avec lequel les hommes sont formés, pour s'aimer réciproquement & se rendre mutuellement tous les bons offices qui dépendent d'eux, que de réfléchir sur l'attrait puissant de cette espéce de *Bienveillance*, à laquelle on donne le nom de *Gratitude*. Toute le monde sçait que la

Bienveillance qu'on a pour nous, fait une impreſſion beaucoup plus profonde ſur nôtre eſprit, excite en nous une reconnoiſſance ou un amour plus fort envers nôtre Bienfaiteur, que ne le ſeroit une *Bienveillance égale* pour un tiers *. Or, comme le nombre des hommes qui vivent éloignés les uns des autres eſt infini, & que chaque individu eſt hors d'état par lui-même de pouvoir rendre de grands ſervices à un grand nombre de perſonnes à la fois, la nature a eu ſoin pour empêcher que nôtre *Bienveillance* ne ſoit entiérement diviſée par la multiplicité des objets qui nous ſont également recommandables par leur vertu; ou ne devienne inutile en s'étendant à une infinité de perſonnes, dont nous ne pouvons ni comprendre ni favoriſer les intérêts à cauſe

* Voyez ci-deſſus Sect. II. Art. 6. §. 3.

du peu de commerce que nous avons avec
eux ; de difposer les chofes de façon,
que comme nôtre attention eft beaucoup plus reveillée par les bons offices
que nous ou nos amis recevons, ils excitent de même en nous un Sentiment d'approbation & une *Bienveillance* beaucoup
plus forte envers ceux qui en font les auteurs. C'eft-là ce qu'on appelle *Gratitude*,
& c'eft elle qui eft le fondement des affociations que nous formons pour les différentes efpéces d'affaires & des bons offices que nous nous rendons réciproquement les uns aux autres. C'eft elle encore
qui encourage le *Bienfaiteur* à perfifter
dans fa *Bienveillance*, & qui l'affure beaucoup mieux de l'augmentation du bonheur qu'il trouve dans la reconnoiffance
qu'on a pour fes bienfaits *, que fi fa vertu

* Voyez ci-deffus Sect. III. Art. 2. §. 2.

n'avoit d'autre récompenfe que l'approbation ftérile des perfonnes qui n'y ont
aucune part, qui ignorent fes befoins,
& ne peuvent lui être utiles , furtout
lorfqu'elles fe fentent également portées
à aimer une infinité de perfonnes que leurs
vertus mettent en droit de prétendre
également à leur amour.

On peut comparer la *Bienveillance* qu'on
a pour tous les hommes en général à ce
principe de Gravitation qui influë peut-être
fur tous les corps qui exiftent dans l'univers ; mais qui augmente à proportion que
la diftance diminue, & devient plus fort
lorfque les corps viennent à fe toucher.
Or cette augmentation qui réfulte de la
proximité du corps, n'eft pas moins néceffaire que l'*attraction* ; car une attraction
générale & égale dans toutes fortes de dif-
tances, vû la contrariété de cette multitude

infinie de forces égales, troubleroit la régularité du mouvement, & le feroit peut-être ceſſer tout-à-fait. Outre cette attraction générale, les perſonnes verſées dans cette ſorte de matiére, en montrent un grand nombre d'autres entre diverſes eſpéces de corps, qui répondent à quelques eſpéces particuliéres de paſſions, & proviennent de quelques cauſes particuliéres. Cette attraction ou force qui produit la cohéſion des parties de chaque corps, peut fort bien repréſenter l'amour propre de chaque individu.

Ces différentes eſpéces d'amour qu'on a pour les hommes à proportion qu'ils nous deviennent plus chers par leurs bienfaits, ſe fait ſurtout remarquer dans celui que les Héros & les Légiſlateurs obtiennent de leurs Compatriotes plûtôt que des Étrangers, même parmi ceux qui font touchés de leurs vertus, aussi bien que dans les liens que produisent l'*amitié*, la *reconnoissance*, le *voisinage*, la *société*, qui sont extrêmement nécessaires à l'ordre & au bonheur de la société humaine.

Amour de l'Honneur.

III. La considération de cette gratitude & de cet amour naturel que nous avons pour nos bienfaiteurs, & que nous avons prouvé ci-devant être tout-à-fait désintéressés *, nous conduit aisément à l'examen d'une autre détermination de nôtre esprit qui n'est pas moins naturelle que la première, & qui consiste à desirer & à nous complaire dans la bonne opinion & dans l'amour que les autres ont pour nous, lors même que nous n'en attendons aucun avantage, excepté celui qui résulte de

* Voyez ci-dessus Sect. II. Art. 6.

cette conftitution qui rend l'honnéur un bien immédiat. J'appellerois volontiers ce defir de l'honneur du nom d'Ambition, fi la coûtume n'avoit attaché une mauvaiſe idée à ce mot, & ne s'en étoit fervie pour défigner un violent defir de l'honneur & de l'autorité qui nous porte à employer les moyens les plus indignes pour l'obtenir. D'un autre côté, la nature nous a affujetti à un fentiment fâcheux de miſére, qui réfulte de la mauvaiſe opinion que les autres ont de nous, lors même que nous n'en attendons point d'autre mal. C'eſt ce que j'appelle Honte, & celle-ci eſt par fa nature un *mal immédiat,* tout comme nous avons dit que l'honneur étoit un *bien immédiat.*

Cela étant, fi nous n'avions de Sentiment moral, ni d'autre idée des actions que relativement aux avantages ou au mal que

que nous en recevons, je ne vois pas pourquoi nous ferions fenfibles à l'*Honneur* ou à la *Honte* ; ou pourquoi un homme qui eft à couvert du chatiment que mérite une mauvaife action, feroit fâché de ce que tout le monde en a connoiffance. Le monde peut le regarder comme dangereux à fes voifins ; mais qu'a de commun fon repos avec cette opinion ? A caufe peut-être qu'on aura moins de confiance en lui pour l'avenir, & que fes affaires en fouffriront. Si c'eft là l'unique caufe de fa honte, & qu'elle ne produife ni mal ni douleur immédiate diftincte de la crainte de perdre ; nous devrions toutes les fois que nous nous expofons à quelque perte en concevoir de la honte, & employer tous nos efforts pour la cacher, au lieu que nous faifons fouvent tout le contraire.

Q

Un marchand, par exemple, de peur de diminuer ſon crédit, cache un naufrage ou un mauvais marché. Peut-on dire que ce ſoit là la même choſe que la paſſion de la honte ? Éprouve-t-il le même chagrin, le même abbattement d'eſprit & le même repentir qu'un homme dont la trahiſon eſt découverte ? D'où vient les hommes ſe glorifient-ils quelquefois de leurs pertes, lorſque la cauſe en eſt eſtimée *moralement bonne*, quoiqu'ils affoibliſſent réellement leur crédit dans l'eſprit des marchands, c'eſt-à-dire, l'opinion qu'ils avoient de leurs richeſſes ou de leur capacité pour le commerce ? Un homme a-t-il jamais eu honte de s'appauvrir pour rendre ſervice à ſa patrie ou à ſes amis ?

Les Principes moraux sont indépendans des Opinions de nos Compatriotes.

IV. Quelques-uns regardent les opinions de leurs compatriotes comme la principale régle de la vertu. Ils alléguent qu'en comparant nos actions avec elles, nous distinguons d'abord la différence qu'il y a entre le bien & le mal moral : ce qui prouve, disent-ils, que nous n'avons d'autre motif que l'ambition ou l'amour de l'honneur. Mais en quoi faites-vous consister l'honneur ? A n'être point universellement connu pour ce que l'on est, quelque méchant que l'on soit. Un avare est un homme sans honneur, lorsqu'il est universellement reconnu pour avare. Il en est de même du lâche, de l'intéressé, du voluptueux, & à plus forte raison du traître, de l'ingrat, du cruel, & ainfi du refte. Un Baladin, un Charlatan, un Joueur de Gobelets ne fe fait honneur que lorfqu'il fert au plaifir de la multitude, par l'admiration & la furprife qu'il lui caufe. *L'honneur n'eft donc autre chofe que l'Opinion que les autres ont de celles de nos actions qui font moralement bonnes, ou des talens dont on préfume que nous faifons un bon ufage,* car ceux dont on abufe, font fuivis de la plus grande infamie. Il s'enfuit donc que l'ambition ou l'amour de l'honneur eft réellement intéreffé ; mais il eft toujours vrai de dire que ce penchant qui nous porte à aimer l'honneur, préfuppofe *un Sentiment de vertu morale,* tant dans ceux qui l'accordent que dans ceux qui le re-cherchent.

Si nous connoiffions un homme dont les actions n'euffent d'autre motif que l'ambition, nous ne trouverions aucune vertu dans celles qui font les plus utiles, puifqu'elles ne partent d'aucun principe d'amour pour les autres, ni d'aucun defir de nôtre bonheur. Dès que la nature nous a rendu l'honneur agréable, il peut devenir un motif capable de nous porter à la vertu, de même que le plaifir qui naît de la réflexion que nous faifons fur nôtre bienveillance * : mais celui que nous regardons comme parfaitement vertueux, agit immédiatement pour l'amour d'au-trui, quoique les avantages dont on vient de parler, puiffent être autant de motifs capables de le porter à ces fortes d'ac-tions, ou à cultiver toute *affection bienfai-fante*, & à méprifer tout intérêt contrai-re, comme procurant moins de bonheur que celui qui réfulte de la réflexion qu'il

* Voyez ci-deffus Sect. III. Art. 15. §. 2.

fait sur sa propre vertu, & de la connoissance intérieure qu'il a de l'estime que les autres en font.

La honte est de même un *mal immédiat*, qui nous porte à nous abstenir de ce qui est *moralement mauvais*, sans pour cela que toute action ou omission motivée seulement par la crainte de la honte, mérite d'être regardée comme vertueuse.

Sentiment moral, source d'Opinions.

V. Voyons encore jusqu'à quel point les opinions de nos compatriotes sont capables d'influer sur le sentiment que nous avons du bien ou du mal moral. Une opinion a-t-elle cours dans un pays, les gens sans réflexion ne manquent pas de l'embrasser. Une action passe-t-elle pour avantageuse à celui qui la faite, nous la regardons comme telle, & l'amour propre nous y porte, de même qu'il nous fait rejetter celle qui paſſe pour être nuiſible à l'Agent. Si une action eſt eſtimée avantageuſe au public, nous ne manquons pas de la croire telle; mais que s'enſuit-il de là? Si nôtre Bienveillance n'eſt point déſinterreſſée, qu'eſt-ce qui pourra nous y déterminer? Nous aimons l'honneur, & nôtre intérêt perſonnel joint à l'envie de nous procurer ce plaiſir, ne manquera point de nous la faire entreprendre. L'honneur ne conſiſte-t-il donc que dans l'opinion que nos Compatriotes ont qu'une action eſt avantageuſe au public. Non ſans doute: je ne vois pas qu'on honore beaucoup la trahiſon d'un ennemi que nous avons trouvé le moyen de gagner, malgré l'avantage que nous en avons retiré, ni qu'on faſſe grand cas des ſervices qu'on nous a rendus ſans deſſein, non plus que des bons effets que nos follicitations ont produit fur un poltron ; au lieu qu'on révére les tentatives infructueufes qu'on a faites en vûe du bien public, lorfqu'elles partent d'un amour fincére pour lui. *L'Honneur* préfuppofe donc un fentiment de quelque chofe d'aimable outre l'*Avantage*, fçavoir, un *Sentiment d'excellence* dans le zéle qu'on a pour le bien public ; d'où il fuit que le *premier Sentiment du bien moral* doit néceffairement précéder l'*Honneur*, puifqu'il en eft le fondement *. Les perfonnes que nous fréquentons peuvent fort bien nous engager à croire fans examen que certaines actions tendent au *Bien public* ; mais elles n'honoreront jamais ces fortes d'actions, ni celui

* C'eft à quoi doivent faire attention ceux qui font fonner fi haut la louange, la réputation, l'eftime & la gloire, comme des chofes extrémement defirables, en même tems qu'ils rejettent tout Sentiment moral.

qui ne les a faites que par un fentiment de quelque excellence réelle dans cet amour que nous avons pour le public, & qui nous porte à favorifer fes intérêts.

Nous feignons, difent-ils, encore d'aimer le public, dans la vûe feule de jouir du plaifir dont l'*Honneur* eft accompagné, & nous approuvons ceux qui paroiffent agir de cette maniére, foit pour tirer avantage de leur action, ou pour faire croire aux autres que nous avons véritablement à cœur le bien pu-blic. Mais peut-on approuver & admirer de bon cœur un homme dont on fçait que toutes les actions n'ont d'autre prin-cipe que l'amour propre ? Non, cela eft abfolument impoffible. De même, peut-on admirer fincerement un homme qui pa-roît aimer le public fans aucun Sentiment moral ? Non, on ne peut fe former aucune idée d'un pareil caractére ; & quant à ceux qui feignent d'aimer le public, nous les haïffons comme des hypocrites & comme des perfonnes qui afpirent injuftement à la même réputation que nous. Voilà tout l'effet que peuvent produire fur nous les préjugés de nos Compatriotes, en fuppofant même en eux un *Sentiment moral*, pourvû que nous n'en n'ayons aucun. Ils ne fçauroient jamais nous faire admirer la vertu dans autrui, ils peuvent feulement nous faire regarder les actions comme utiles ou défavantageufes, felon qu'elles tendent à nous procurer les plaifirs qui accompagnent l'honneur, ou le chagrin dont la honte eft fuivie.

Que fi l'on fuppofe une fois que les hommes ont reçu de la nature un *Sentiment moral* de la bonté des actions, & qu'ils font fufceptibles d'un *amour* défintereffé,

il ne fera plus difficile de rendre raifon
de ce qu'on vient de dire. Les opinions
de ceux avec qui nous vivons peuvent
nous faire regarder inconfiderement certaines actions comme nuifibles au genre
humain & comme moralement mauvaifes,
lors peut-être qu'elles ne font point telles,
de même que le fentiment que nous en
avons peut nous porter à avoir de l'averfion
pour elles, auffi bien que pour les Auteurs;
nous pouvons recevoir par le même canal
des préjugés implicites qui nous faffent
regarder les actions comme bonnes, qui
joints au defir de l'honneur, peuvent concourir avec la bienveillance à nous en
faire faire de femblables : mais fi nous
n'avions aucun fentiment des qualités morales des actions, & que nous ne les con-
çuffions qu'autant qu'elles nous font avantageufes ou nuifibles, nous n'honorerions

ni aimerions ceux qui agiſſent par amour pour le public, ni nous n'aurions égard à leurs actions qu'à proportion qu'elles nous toucheroient perſonnellement. Nous pourrions bien nous former un idée métaphyſique du bien public ; mais ſans un Principe de bienveillance nous ne le deſirérions jamais qu'autant qu'il contribueroit à nôtre intérêt particulier, de même que ſans un *Sentiment moral*, nous n'admirerions ni n'aimerions jamais ceux qui travaillent de tout leur pouvoir à le procurer. Il s'en faut donc beaucoup que la vertu ſoit *la fille de la flatterie*, & qu'elle ſoit *produite par l'orgueil*, ainſi qu'un Auteur moderne la prétendu *, puiſque ce dernier vice, à prendre ce mot dans ſon mauvais ſens, *eſt l'effet de l'ignorance, ſuivant le Sentiment moral que nous en avons.*

* Voy. la Fable des Abeilles p. 37. 3e. édition.

& la flatterie un instrument que les fourbes
employent pour faire servir ce Sentiment moral
à leur propre avantage.

*Le Sentiment moral est indépendant de l'Amour
de l'Honneur.*

VI. Pour éclaircir ce qu'on vient de
dire du pouvoir que l'honneur a sur nous,
supposons qu'un État ou un Prince faisant
attention à la quantité d'argent que les
Musiciens Italiens emportent d'Angle-
terre, décerne des honneurs, des statuës
& des titres à ceux qui excelleront dans la
Musique : On ne peut douter qu'une pareille promesse n'excite tous ceux qui ont
du talent pour cet Art à l'étudier, & que
tous les Citoyens ne regardent ceux qui
réussiront comme des sujets aussi utiles
qu'agréables à l'état. Croit-on cependant
que l'espoir des récompenses dont on vient

de parler, puisse donner à tous les hommes
une bonne oreille, ou leur faire gouter
l'harmonie ? Pourra-t-il jamais nous faire
aimer sincerement un Musicien qui n'a
que le gain en vûe, comme nous aimons
un bon compatriote ou un ami généreux ?
Je suis persuadé que non ; cependant l'*A-
mitié* seule, sans le secours des statuës ou
des honneurs, suffit pour nous faire regarder une personne comme extrêmement
aimable.

Servons-nous d'un autre exemple, &
supposons qu'on décerne des statuës & des
arcs de triomphe aussi bien qu'une grande
somme d'argent, à quiconque découvrira
les longitudes ou quelqu'autre chose également utile : il est certain qu'une pareille
promesse ne sçauroit manquer d'exciter
dans tous les hommes un desir de ces
sortes de connoissances, vû l'avantage

qu'ils en retireroient ; mais croit-on qu'on aimât un Mathématicien comme on aime un homme vertueux ? Croit-on qu'un Mathématicien aimât celui qui auroit réuffi dans une pareille découverte, s'il fçavoit qu'il n'a aucun amour pour le genre-humain, qu'il eft indifférent pour fon bonheur, & qu'il joint à un mauvais naturel, un orgueil & une avarice démefurée ? En un mot, on a beau honorer toutes les autres Qualités par telles démonftrations extérieures qu'on voudra, à moins qu'on ne découvre ou qu'on ne préfume une intention bienfaifante dans l'ufage qu'on en fait, on pourra bien regarder ces qualités comme utiles à ceux qui les poffédent ; mais elles n'exciteront jamais en nous ces Sentimens d'eftime & d'amour que nous avons naturellement pour ceux en qui nous remarquons de la Bienveillance ou de la Vertu.

L'amour de l'honneur & la crainte de l'infamie, peuvent souvent nous porter à des actions que nous sçavons devoir nous attirer l'estime de nos semblables, lors même que nous n'espérons en tirer aucun avantage. Le soin qu'on a de se conformer à l'inclination d'autrui, étant une marque d'humanité, elle peut porter les Spectateurs à aimer l'Agent, quoiqu'ils ne voyent aucune bonté moral dans l'action même ; mais à moins que les hommes n'ayent quelque Sentiment de la bonté des actions, ils ne s'y porteront jamais avec ardeur, s'ils sont éloignés du commerce des autres hommes, & ils n'aimeront jamais ceux qui s'en acquittent le plus parfaitement, ou qui les pratiquent dans la solitude, & encore

moins

moins feront-ils mécontens d'eux-mêmes, s'ils viennent à agir autrement fans témoins. Or c'eft ce que nous éprouvons à l'égard de la Vertu, d'où il fuit que le Sentiment moral que nous en avons, eft antérieur à l'honneur qui en réfulte.

C'eft donc à tort qu'un Auteur moderne * compare l'origine des idées que nous avons de la Vertu, & l'eftime que nous en faifons à la maniére dont on corrige les mauvaifes habitudes des enfans, en louant ceux qui en ont de meilleures. On verra ci-deffous.**, que l'approbation que nous donnons à certains geftes, de même que ce qu'on appelle *Décence* dans le mouvement, dépend de quelques idées morales qu'en ont les perfonnes âgées ; mais avant que les enfans foient en état

* Voyez la Fable des Abeilles, p. 38. 3e. édit.
** Voyez Sect. VI. Art. 4.

R

d'obſerver ce rapport, ce n'eſt que leur bon naturel, l'envie qu'ils ont de plaire à ceux dont ils dépendent, & l'amour de la louange qui les oblige à ſe conduire comme on le deſire, ſans pour cela qu'ils découvrent aucune excellence réelle dans cette eſpéce de contenance. Delà vient qu'ils s'embarraſſent fort peu de leurs geſtes lorſqu'ils ſont ſeuls, à moins qu'ils n'ayent envie de plaire à ceux devant qui ils ſe préſentent ; & qu'au lieu d'aimer & d'approuver ceux qui excellent en ce genre, ils conçoivent de l'envie & de la haine pour eux, juſqu'à ce qu'ils ſoient en état de diſcerner la connexion qu'il y a entre les geſtes & les qualités morales, ou de refléchir ſur la bonté naturelle que marque une pareille obéiſſance.

Faux Honneur.

VII. Ce qu'on vient de dire de l'Honneur peut fervir à expliquer pourquoi les hommes ont fouvent honte des chofes qui n'ont rien de mauvais, & tirent gloire de celles qui ne font point vertueufes. Car il fuffit qu'une action paroiffe vicieufe à quelques perfonnes, encore qu'elle ne foit point telle, pour qu'elles ayent une mauvaife idée de celui qui l'a faite, & il n'en faut pas davantage pour le combler de confufion, & le chagriner de ce qu'on le croit *moralement méchant*. De même, ceux qui regardent une action comme *moralement bonne*, ne manquent pas d'honorer celui qui en eft l'auteur, & celui-ci ne peut s'empêcher d'y être fenfible, encore qu'il ne découvre aucune bonté morale dans ce qui lui procure cet honneur.

Incapacité morale, sujet de Honte.

Nous serons de même honteux de nôtre incapacité morale ou de nôtre peu de talent, surtout si nous nous sommes mis dans ce cas par nôtre propre négligence. Il suffit aussi que quelques circonstances soient regardées comme indécentes dans un pays, nuisibles aux autres ou diffamantes, pour que nous soyons honteux de nous y laisser surprendre, parce qu'elles nous privent de la bonne opinion que les autres avoient de nous, lors même que nous sommes convaincus que cette indécence ou cette offense n'a point son fondement dans la nature, & n'est que le pur effet de la coutume. C'est ainsi que nous serions fâchés d'être surpris dans ces fonctions naturelles qui passent pour indécentes & nuisibles, quoique nous ſoyohs perſuadés qu'elles ne marquent effectivement ni foibleſſe ni vice. Au contraire, toute capacité morale paſſant généralement pour une marque d'appli-cation & de vertu, & nous procurant l'eſtime d'autrui, nous en tirerons gloire & vanité, de même que nous ferons hon-teux de nous en voir privés. Delà vient que les richeſſes & l'autorité, qui ſont des inſtrumens qui excitent puiſſamment à la vertu, nous font honorer de nos ſembla-bles, & ſont très-capables d'exciter de l'orgueil dans celui qui les poſſéde, lorſ-qu'on en fait un bon uſage, & qu'on les employe au ſervice de ſes amis & de ſa patrie. Comme cette paſſion eſt générale dans tous les hommes, & qu'elle peut être bonne ou mauvaiſe ſuivant ſes prin-cipes, on peut la définir, un *plaiſir qui réſulte de la poſſeſſion réelle ou imaginaire de*

R iij

l'honneur, ou du droit qu'on prétend y avoir.
Le sçavoir, la sagacité & la force produisent les mêmes effets sur nous, & delà
vient que les hommes sont si portés à en
faire parade.

Mais lorsqu'il est évident qu'on n'a
que son intérêt particulier en vûe dans
l'usage que l'on fait des talents qu'on
tient de la nature ; l'honneur cesse, on
travaille à les celer, ou du moins on ne
s'empresse point d'en faire parade. Cela
se remarque surtout lorsqu'il peut naître
dans l'esprit des autres que nous en abu-
sons. C'est ainsi qu'il arrive à quelques
méchans de rougir de leurs richesses, &
de les cacher avec autant de soin que
quelques hommes intéressés dissimulent
leur pouvoir. On tient encore quelquefois
cette conduite dans des occasions où l'intention n'est pas positivement mauvaise ;

parce qu'en diffimulant fes facultés , on augmente le bien moral d'une petite action qu'on fe fent le courage de faire.

Amour propre , Paffion honteufe.

En un mot, on remarque généralement que les actions qui partent de l'amour du bien public , font toujours accompagnées de hardieffe & de franchife, & au contraire que celles qui n'ont qu'un principe de malice ou d'intérêt , caufent de la honte ou de la confufion à leurs auteurs, qui fe forcent de les dérober aux yeux d'autrui par tous les moyens imaginables. Rien ne nous porte plus ordinairement au vice qu'un defir trop ardent de nôtre *propre plaifir ,* & lorfque les hommes ont une idée claire de la *Vertu*, ils ne peuvent s'empêcher d'avoir honte de toute action qui témoigne de l'amour propre, & une humeur intéreffée, lors même que cette derniére n'a rien que d'innocent. Nous fommes naturellement difpofés à croire que ceux qui nous voyent adonnés à la recherche de ces fortes de plaifirs, conçoivent de nous des opinions défavantageufes comme trop foigneux de ce qui peut flatter nos fens, & delà vient que dans toutes les nations policées, on s'efforce d'en dérober la connoiffance à ceux avec qui on ne les partage point. On peut mettre de ce nombre les plaifirs de l'amour entre les perfonnes mariées, & même le boire & le manger, auffi bien qu'une recherche trop exquife des mets, ou des boiffons capables de flater le goût ; au lieu qu'on tire vanité d'une table ouverte & d'une dépenfe qui part d'un principe d'hofpitalité ; de même que de tous les bons offices que fe rendent deux époux lorfque l'intérêt n'y a aucune part, & qu'on n'agit qu'en conféquence de l'amour qu'on a pour la perfonne avec qui l'on eft lié. C'eft-là, je crois, ce qui a introduit les idées de la modeftie chez les Nations polies, & la coutume les a enfuite fi bien fortifiées, que nous avons honte aujourd'hui de plufieurs chofes fur quelques opinions implicites confufes de mal moral, quoique nous foyons hors d'état d'en rendre raifon.

L'Honneur & la Honte naiffent fouvent de quelques affociations d'idées.

De là vient encore qu'on n'a jamais honte de tout ce qui fent la grandeur & l'opulence. Il y a là-dedans un mélange d'idées morales de bienveillance, de facultés convenablement employées, de fujets ou de cliens foutenus, d'amis foulagés, affiſtés, protégés ; il y a une telle facilité à faire de grandes & de belles actions lorſqu'on eſt riche & puiſſant, que loin de rougir de ces acceſſoires, on s'en fait honneur ; & loin de cacher nôtre maniére de vivre à ceux avec qui nous vivons, nous tâchons de les rendre témoins de nôtre état, auſſi bien que de la magnificence qui l'accompagne. Sans cette aſſociation d'*idées morales*, il n'eſt point d'homme qui pût ſupporter la baſſeſſe d'un pareil état, ou s'empêcher de mépriſer ceux qui s'y trouvent engagés. Croit-on qu'un homme pût ſe plaire dans une compagnie de ſtatuës qui environneroient ſa table, qui ſeroient conſtruites avec aſſés d'artifice pour manger tout ce qu'on y ſerviroit, & qui inſpirées par quelques domeſtiques, comme autant de marionnettes, le remerciroient en des termes aussi surannés que stériles de la bonne chere qu'il leur a fait faire? ou qui par la façon dont elles seroient faites, s'acquitteroient de toutes les soumissions & de toutes les grimaces dont on régale tous les jours les Grands à leur lever?

La honte que nous cause la mesquinerie de nôtre habillement, de nôtre table, & de nos équipages, part du même motif, parce qu'une pareille médiocrité passe souvent pour une marque d'avarice, de bassesse d'ame, d'incapacité, & de peu de conduite dans la vie, & pour un défaut de capacité morale: & une preuve de ce que je viens de dire, c'est que les hommes tirent vanité de la médiocrité de leur fortune lorsqu'elle n'est dûe qu'à une bonne action. Combien trouve-t-on de gens qui rougiroient d'un mauvais dîner, & qui tirent gloire d'avoir vécu de chiens & de chevaux au siége de *Derry*, & qui l'avouent sans en avoir honte?

Cette connexion qui se forme dans nôtre imagination entre la grandeur extérieure, la magnificence des habillemens, les équipages, le cortege, les marques d'honneur & quelque capacités morales plus grandes qu'à l'ordinaire, est peut-être de plus grande conséquence dans le monde, que quelques Philosophes reclus qui se piquent de mépriser ces pompes extérieures, ne l'imaginent. C'est-là peut-être la principale, sinon l'unique cause de ce que quelques personnes regardent comme miraculeux, sçavoir, que des Gouverneurs civils, qui n'ont pas plus de capacité que leurs voisins, maîtrisent l'esprit du peuple par l'autorité qu'ils prennent sur eux & la crainte qu'ils leur inspirent, & les tiennent dans la sujetion à l'aide de quelques gardes, qui succomberoient aisément sous le complot que pourroient former dans un état des mécontens & des factieux, que leur hardiesse & leur mépris pour la mort rend capables d'une pareille entreprise.

On voit encore par-là d'où vient que nous ne sommes jamais honteux de céder au *Sentiment supérieur* de la Beauté & de l'Harmonie, non plus qu'au plaisir que nous avons d'acquérir des connoissances, même à la face de toute la terre. Les objets capables de nous procurer ce plaisir, sont d'une nature à en fournir un pareil à plusieurs personnes à la fois, & la possession où nous en sommes n'a rien d'incompatible avec celle à laquelle les autres aspirent ; de sorte que quand même nous rechercherions ces sortes de plaisirs par *Amour propre*, comme leur possession n'a rien qui puiſſe préjudicier à autrui, on ne regardera jamais un homme comme inhumain & intéreſſé pour la rendre la plus complette qu'il eſt poſſible. Rien n'empêche que la régularité ou l'harmonie qui me plaît, ne plaiſe en même tems à une infinité de perſonnes, & que je ne reçoive le même plaiſir d'un *Théorême* qui a déja amuſé un milier de perſonnes. Ces ſortes de recherches ne ſçauroient donc jamais cauſer de la honte à qui que ce ſoit, puiſqu'elles ne nous engagent à aucune action qui marque de la malice, de l'envie ou un mauvais naturel ; de même qu'on ne regardera jamais un homme comme *intéreſſé* pour rechercher des objets capables de lui procurer des plaiſirs ſans fin *.

* Je donne une raiſon peut-être plus vraiſemblable de ceci dans l'Eſſai ſur les Paſſions, p. 6.

Ce qu'on vient de dire de l'*Honneur*
& de la *Honte* peut encore fervir à expliquer pourquoi la plûpart des hommes
fouffrent des louanges qu'on leur donne
en face. Il n'eft perfonne qui n'aime à
fe voir eftimer de fes femblables, & qui
ne trouve un très-grand plaifir à s'entendre louer ; mais on n'aime point que
d'autres foient témoins d'un plaifir qui
nous eft réellement propre, qu'ils nous
y croyent fenfibles, ou qu'ils s'imaginent
que nous ne faifons de bonnes actions que
dans la vûe de nous le procurer ; & delà
vient que nous cherchons à en jouir en
fecret, comme nous faifons des autres
plaifirs que d'autres ne fçauroient parta-
ger avec nous.

*La Pitié eft un motif capable de porter à
la Vertu.*

VIII. Examinons maintenant une autre

détermination de nôtre esprit, qui prouve fortement que la *Bienveillance* nous est naturelle ; c'est de la Pitié dont je veux parler. C'est elle qui nous porte à rechercher l'intérêt de nos semblables indépendamment de l'utilité qui peut nous en revenir. Éclaircissons ceci. Il n'est point d'homme qui ne souffre de la misére dans laquelle un autre est plongé, à moins qu'il ne le croye méchant dans un sens moral ; je dis plus, qui n'y soit sensible, dans le cas même qu'on vient de supposer. *L'intérêt* peut nous porter à commettre une cruauté, elle peut même surmonter nôtre pitié ; mais il est rare qu'elle l'éteigne jamais. Une passion subite telle que la colére ou la haine, peut nous représenter une personne comme *absolument mauvaise*, & affoiblir par ce moyen nôtre pitié, mais une fois passée, celle-ci ne manque

presque

presque jamais de reprendre l'empire qu'elle avoit sur nous. Il peut même arriver qu'un *motif désintéressé* surmonte nôtre pitié dans le tems même que nous sommes de sang froid; tel est l'amour que nous avons pour nôtre patrie, ou le zéle qui nous anime pour la religion que nous professons. Toute *persécution* est généralement occasionnée par l'amour de la vertu, & par un desir du *bonheur éternel* des hommes, quoique nôtre folie nous fasse choisir des moyens absurdes pour le leur procurer ; elle est même souvent accompagnée d'une *Pitié* assez forte pour faire désapprouver au *Persécuteur* un choix auquel il ne se détermine que par des raisons plus pressantes ; à moins que le Préjugé ne lui fasse regarder les hérétiques comme absolument méchans.

On peut obferver ici combien l'homme
eft porté à la *Compaffion* par la conftitution même de fa nature. La mifére ou la
détreffe dans laquelle nous fommes influent immédiatement fur l'air de nôtre
vifage, à moins que nous ne l'empêchions
par la réfléxion, & ne manque pas de
caufer de la peine à tous ceux qui en font
témoins, & qui connoiffent à nôtre contenance la fâcheufe fituation dans laquelle
nous nous trouvons. Nous pouffons ma-
chinalement des cris & des foupirs à la
vûe d'un mal qui nous menace, & il n'y
a quelquefois ni égard ni bienféance qui
puiffe nous en empêcher. C'eft-là la voix
dont la nature fe fert pour fe faire entendre à toutes les nations, qui porte tous
ceux qui font préfens à nous fecourir, &
qui rallentit quelquefois la fureur d'un
ennemi impitoyable.

On a vû ci-deſſus * que la *Compaſſion*
ne nous porte pas immédiatement à deſirer
la ceſſation du mal que nous ſouffrons : il
nous plaît dans certains cas , & nous n'aimons point ceux qui ſont autrement affectés que nous. Elle nous porte cependant à deſirer le ſoulagement des malheureux, indépendamment de l'avantage qui
peut nous en revenir. Trouvons-nous la
choſe impoſſible , la réflexion vient au ſecours, elle nous fait appercevoir l'inutilité
d'une pareille *Compaſſion*, l'*Amour* propre
nous fait fuir l'objet qui cauſe nôtre douleur, & nous porte à en détourner nôtre
penſée. Le peuple qui eſt incapable d'une
pareille réflexion recherche par une eſpéce d'inſtinct naturel tous les objets capables d'exciter ſa compaſſion, & s'expoſe
volontairement à la douleur qui en réſulte,

* Voyez Sect. II. Art. 8. §. 2.

S ij

fans en pouvoir rendre raifon, ainfi qu'on en voit un exemple dans les exécutions publiques.

On doit attribuer au même motif l'empreffement que les hommes ont de voir repréfenter des Tragédies ; mais on peut en donner une autre raifon qui n'eft pas moins forte, fçavoir, la *Beauté morale* des *caractéres* & des *actions* qu'ils prennent plaifir à confidérer. Je doute en effet qu'on prit plaifir aux Spectacles tragiques, que l'on fçait être feints & fuppofés, fi l'on n'étoit inftruit des *Qualités morales* de ceux qui fouffrent, auffi bien que de leurs caractéres & de leurs actions. Je fuis même convaincu que fans la *Beauté* qui excite en nous le defir d'affifter à de pareilles repréfentations, nous ne nous expoferions point volontairement à la douleur que nous caufe un malheur tout-à-fait imaginaire.

C'est à ce même motif qu'on doit attribuer l'empreſſement que les Romains avoient pour les combats des Gladiateurs, qui leur fourniſſoient des exemples fréquens d'intrépidité & de mépris de la mort, auxquels on ne ſçauroit refuſer le titre de *Capacité morale,* ſi tant eſt qu'on leur refuſe celui de *Vertu;* auſſi Ciceron les regardoit-il comme très-propres à inſpirer la *Grandeur d'ame.* Le *Gladiateur antagoniſte* portoit ſeul tout le blâme de la cruauté qu'on exerçoit dans ces ſortes de combat, parmi un peuple incapable de réflexion; & le vainqueur qui montroit du courage & de l'adreſſe, obtenoit la réputation de vertueux, auſſi bien que la faveur des ſpectateurs, qui le juſtifioient par la néceſſité où il étoit de ſe défendre. Inſenſez qu'ils étoient! ils ne s'appercevoient pas que leur empreſſement pour ces fortes de fpectacles, de même que la faveur qu'ils accordoient à ceux qui les leur procuroient, & qui leur fourniffoient le moyen de fuivre le penchant naturel qu'ils avoient à la compaffion, étoient la vraie fource de tous les malheurs dont ils étoient continuellement accablés.

Quelle idée aurions-nous d'un *Candidat* qui n'offriroit à fes concitoyens que des fpectacles de mifére, qui épuiferoit les hôpitaux & les infirmeries des malheureux qui les habitent, ou qui après avoir acheté autant d'efclaves, les égorgeroit de fes propres mains après leur avoir ôté tout moyen de fe défendre? Je douterois fort du fuccès de fon élection, quand même la *Compaffion* attireroit une foule de monde à un pareil fpectacle, fi fon antagonifte choififfoit un divertiffement plus vertueux

en apparence, ou qui fournit aux fpecta-
teurs des exemples de vertus & de vices.

Compaffion naturelle à l'homme.

Il eft aifé de juger combien cette difpofition que nous avons à la *Compaffion*
eft indépendante de la *Coutume*, de l'*Éducation* ou de l'*Inftruction*, par le pouvoir
qu'elle a fur les femmes & fur les enfans,
fur qui celles-ci ont le moins d'influence. Si les enfans fe plaifent à quelques
actions qui marquent de la cruauté, & à
tourmenter les animaux qui tombent fous
leurs mains, c'eft moins par malice ou par
défaut de compaffion, que par l'ignorance
où ils font des fignes dont plufieurs animaux fe fervent pour témoigner leur douleur, jointe à la curiofité de voir les différentes contorfions de leurs corps. En effet

à mesure que leurs connoissances augmentent, & qu'ils viennent à sentir les maux qu'ils leur font souffrir, la compassion l'emporte souvent sur la raison, ainsi qu'il paroît lorsqu'on les mene voir quelque exécution, car ils ne voyent pas plûtôt souffrir le malfaiteur, qu'ils condamnent la malheureuse nécessité où l'on est de pourvoir à la sûreté des citoyens par un moyen aussi cruel & aussi barbare.

Quelques-uns ont allegué, » que quoi-
» que la vûe de la misére d'autrui nous
» cause du chagrin de façon ou d'autre,
» la compassion que nous ressentons ne
» laisse pas d'être accompagnée de quel-
» que plaisir : ce plaisir est supérieur à la
» douleur que nous ressentons par sympa-
» thie, & de-là vient, disent-ils, que nous
» aimons à exciter cette compassion en
» nous, & que nous y prenons goût. «

Si cela étoit, il s'ensuivroit que celui qui compatit à la peine d'autrui, devroit naturellement souhaiter de la voir durer, à dessein de persister dans cet état, dont le plaisir n'est point pur, à la vérité, mais supérieur cependant à quelque douleur que ce soit.

SECTION VI.

De l'importance du Sentiment moral pour le bonheur préfent des hommes, & de fon influence fur leurs affaires.

Importance du Sentiment moral.

I. IL paroît par ce que l'on vient de dire, que nonobftant la corruption des mœurs dont on fe plaint à fi jufte titre, ce *Sentiment moral* a plus d'influence fur le genre humain, qu'on ne le croit communement, quoiqu'il foit fouvent dirigé par des vûes partiales & très-imparfaites du bien public, & fouvent furmonté par l'amour propre : mais nous allons prouver » qu'il nous caufe plus de plaifir & » de douleur que toutes nos autres facul- » tés enfemble, & pour ne point répéter

» ici ce que j'ai dit ailleurs , je me conten-
» terai d'obferver, que toutes les fois que
» quelque qualité vraiment bonne nous
» procure du plaifir par la réflexion qu'elle
» nous donne lieu de faire , ou à caufe de
» l'honneur qui nous en revient , fa con-
» traire nous caufe une douleur proportion-
» née, en conféquence des remords & de la
» honte qui en font inféparables. « Nous
allons examiner les *plaifirs moraux* , non-
feulement en détail , mais en tant qu'ils
font la fource la plus agréable des plaifirs
qu'on goûte ordinairement dans la vie.

Tous les hommes paroiffent admettre
dans la poffeffion des qualités morales
qui ont une bonté réelle , une *Excel-*
lence fupérieure à tout autre plaifir ,
& regardent au contraire le *Mal moral*
dans lequel on perfifte , comme un
état infiniment pire qu'aucun autre que

ce foit. Leurs actions ne doivent point faire la régle de nôtre jugement dans cette occafion ; car encore qu'ils puiffent refentir l'influence des *Sentimens moraux*, il n'eft pas moins certain, que les paffions intéreffées l'emportent fouvent fur eux, & que des vûës partiales de l'influence des actions, leur font regarder comme *Bon*, ce qui eft moralement mauvais. Il eft plus à propos d'examiner les fentimens que les hommes ont généralement de l'état de leurs femblables, lorfqu'ils n'y font aucunement intéreffés, car dans ces fortes de fentimens la nature eft calme & tranquille, & fe montre à découvert telle qu'elle eft.

Suppofons une créature raifonnable dont l'efprit foit occupé fans interruption des Senfations agréables de l'odeur, du goût & du toucher, &c. Croit-on qu'elle fût dans un état suffisamment heureux, si son esprit n'avoit en même tems aucune autre idée que ce fût ? Ne regarderions-nous pas cet état comme le plus bas, le plus abject & le plus méprisable qui fut au monde, s'il n'y avoit ni société, ni amour, ni amitié, ni bons offices à attendre d'elle ? Quel jugement doit-on donc faire d'un état dans lequel on ne goûteroit d'autres plaisirs que ceux des sens extérieurs ; en laissant encore entr'eux les longs intervalles que la foiblesse de nôtre nature exige ? Quelle triste & insipide réflexion ne laissent point les plaisirs passés ! sommes - nous dédommagés des dégoûts & des langueurs qu'ils traînent à leur suite par le retour passager de ces sortes de Sensations ! Cette incapacité où nous sommes de jouir long-tems des plaisirs des sens extérieurs,

ne nous prouve-t-elle pas, » qu'il doit y
» avoir quelqu'autre plaisir plus durable
» qui ne soit point interrompu par des
» dégoûts ni des réflexions affligeantes ? «

Joignons au plaisir des *Sens extérieurs*
les perceptions de la *Beauté* de l'Ordre
& de l'Harmonie ; ce sont-là sans doute
des *plaisirs plus nobles*, & qui paroissent ne
laisser aucun vuide dans l'esprit ; cependant quelle froideur, quelle insipidité
dans leur jouissance sans les *plaisirs moraux*
qui résultent de l'amitié, de l'amour & de
la bienveillance ! Puis donc que la simple
absence du *bien moral* nous fait regarder
l'état d'un Être raisonnable comme méprisable, quel dédain ne devons-nous pas
concevoir pour les dispositions contraires
qui le plongent dans une misére dont aucune autre sorte de plaisir ne sçauroit le
dédommager. Voudrions-nous être dans

le même état qu'un furieux ou méchant, un vindicatif ou un envieux, à condition de jouir de tous les plaisirs des Sens extérieurs ou intérieurs? Les plaisirs intérieurs de la *Beauté* & de l'*Harmonie*, contribuent beaucoup, il est vrai, à calmer l'esprit lorsqu'il est transporté par la colére, l'animosité ou l'esprit de vengeance, & ce n'est qu'après qu'ils ont produit leurs effets, que nous sommes capables de jouir de quelque plaisir ; car tant que ces affections obsédent nôtre ame, elle est dans un tourment & dans une misére que rien ne peut exprimer.

Prouvée par les caprices de l'Imagination.

Qui est-ce qui bâtissant des châteaux en l'air, & formant en soi-même le plan imaginaire d'une vie heureuse, s'est jamais avisé de poser dans son imagination la trahifon, la cruauté ou l'ingratitude pour les premiers degrés de fon élevation, & d'en faire fon caractére après y être parvenu? Dans ces momens même de réverie, ce font les loix de l'*Honneur*, de la *Bonne-foi*, de la *Générofité* & du *Courage* qui nous dirigent ; & le fouhait le plus humiliant que nous foyions capables de faire, c'eft d'être enrichi par quelque hazard innocent.

O *fi urnam argenti Fors qua mihi monftret*
   ut illi *,
Thefauro invento qui mercenarius agrum,
Illum ipfum mercatus aravit, dives amico
   Hercule.

 » Oh! fi quelque bonne fortune me fai-
» foit découvrir une urne pleine d'argent,
» comme à ce bon Payfan, qui ayant

 * Hor. Liv. 2. Sat. 6. v. 10.

» trouvé

» trouvé un tréfor, cultiva pour lui-mê-
» me, par la faveur d'Hercule, le champ
» qu'il labouroit auparavant pour un
» maître. «

Le *travail*, la *faim*, la *foif*, la *pauvreté*,
la *douleur* & le *danger*, n'ont rien de fi
affreux, que nôtre amour propre ne convienne que nous pouvons y être fouvent
expofés. Au contraire, les vertus que ces
accidens nous donnent lieu de mettre au
jour, font fi aimables & fi excellentes,
que les Auteurs des Romans ou des Poëmes
Épiques ne conduifent prefque jamais leurs
Héros imaginaires au comble du bonheur
par d'autres routes. Une chofe ne mérite
nôtre amour ou nôtre admiration, qu'autant qu'elle tient de la Vertu ; le Roman
& le Poëme Épique finiffent où la Vertu
ceffe. Bien plus, la difficulté * ou le *Mal*

* Sect. III. Art. 2. Axiome 6.

T

naturel augmente si fort la Vertu de la bonne action qu'il accompagne, que nous ne pouvons aisément supporter ces sortes d'ouvrages après que le malheur est passé, & nous ne continuons à le goûter, que lorsqu'ils nous présentent une nouvelle scene de *Bienveillance* dans un état heureux. Une scene continuelle de *Prospérité* extérieure ou de Bien naturel, où il ne paroît rien de moral ni de vertueux, ne sçauroit amuser la personne la plus stupide, quelqu'intéressée qu'elle soit à la fortune de son Héros ; car là où la Vertu cesse, il ne reste plus rien qui soit digne de nôtre favori ou dont on prenne plaisir à le voir en possession, quelque desir que nous ayons de le voir heureux.

La Vertu reconnuë supérieure à tout autre plaisir.

Essayons de prouver par un exemple

particulier, combien nous préférons la possession de la Vertu à tout autre plaisir, & combien nous regardons le vice comme le plus grand de tous les malheurs. Nous ne sçaurions lire l'Histoire de Regulus telle que Ciceron & quelques autres la rapportent, sans nous intéresser à la fortune de ce grand homme, sans prendre part à ses souffrances, & sans lui souhaiter un meilleur sort. Mais quel sort plus glorieux que le sien ? Voudroit-on qu'il eut satisfait aux demandes des Carthaginois, & qu'il eut évité les tourmens qu'on lui préparoit au préjudice de sa patrie ? Devoit-il violer la foi qu'il leur avoit jurée aussi bien que la promesse qu'il leur avoit faite de retourner en cas que le Traité ne fut pas accepté des Romains ? Est-ce là souhaiter un sort heureux à un personnage pour qui l'on s'intéresse ? Il n'eut pu agir de même sans se dépouiller de cette vertu qui intéresse tout l'univers à sa fortune. » Laissons-lui subir le sort » que la nature a prescrit à tous les hom- » mes, que pouvons-nous desirer de plus » pour lui, sinon que les Carthaginois » eussent ralenti leur cruauté, ou que la » Providence l'eut arraché de leurs mains » par quelqu'accident imprévu ? «

Cela ne nous fait-il pas voir que nous jugeons, à la vérité, la vertu qui se trouve jointe avec la paix & la sûreté, préférable à celle qui est accompagnée de détresse ; mais qu'en même tems nous regardons l'état de l'homme vertueux & zélé pour le bien public, même dans les plus grands malheurs, comme préférable à la jouissance de tous les autres plaisirs ? C'est-là l'état où nous nous plaisons à voir nôtre Héros favori, nonobstant toutes les peines & les maux naturels dont il est accablé. Nous ne l'eussions pas estimé plus heureux, s'il eut tenu une conduite opposée, ni dans un état préférable à celui dans lequel nous le supposons, s'il eut acheté sa liberté, sa tranquilité & sa sûreté aux dépens de sa vertu. Nous sentons en nous-mêmes que c'eût été l'acheter trop cher ; & de-là vient que nous ne sçaurions le blâmer d'avoir assuré sa vertu & son honneur aux dépens de sa tranquillité, de ses plaisirs & de sa vie. Nous ne sommes même pas assés insensés pour estimer la possession de ces derniers biens, lorsqu'on a été assés malheureux pour se priver des autres par sa propre faute.

Nécessaire dans les autres plaisirs.

II. Voyons maintenant quel Sentiment nous ayons du bonheur dont les hommes jouiſſent dans le cours de la vie. Les richeſſes & les plaiſirs extérieurs n'occupent pas une petite place dans nôtre imagination ; mais cette opinion que nous avons du bonheur qui accompagne les richeſſes, préſuppoſe toujours l'intention de faire du bien aux perſonnes qui nous ſont cheres, ou du moins à nôtre famille ou à nos alliés. La félicité que nous imaginons dans la jouiſſance des plaiſirs extérieurs, renferme toujours certaines idées de quelques plaiſirs moraux de ſociété, quelque communication de plaiſir, enfin quelque choſe qui tient de l'amour, de l'amitié, de l'eſtime & de la reconnoiſſance : qui eſt-ce qui s'eſt jamais flatté de pouvoir goûter ces ſortes de plaiſir en s'interdiſant le commerce des autres hommes? Quel mépris n'éprouvent pas ceux qui les recherchent avec trop d'ardeur, de la part même des personnes qui ne se promettent aucun avantage des notions plus généreuses qu'ils pourroient se former de ces sortes de plaisirs.

S'il étoit vrai qu'il n'y eut ni *Sentiment moral* ni bonheur dans la *Bienveillance*, & que toutes nos actions n'eussent d'autre principe que l'amour propre, il n'est point de plaisir des Sens extérieurs dont on ne pût jouir seul avec moins de peine & moins de dépense qu'en compagnie. Mais ces sortes de plaisirs deviennent insipides, s'ils ne sont réhaussés par les *plaisirs moraux* ; c'est une apparence d'*amitié*, d'*amour* & de *communication de plaisir* qui prévient le dégoût & la fadeur qui accompagnent ceux que les libertins se procurent. C'est cette idée partiale de *quelques qualités morales avantageuses* & de quelque *Bienveillance* dans les actions, qui ont des suites cruelles, inhumaines & funeſtes pour autrui, qui a favoriſé le vice plus qu'aucune autre conſidération. *

Pour mieux ſentir en quoi conſiſte le bonheur des richeſſes & des plaiſirs extérieurs, ſuppoſons que celui qui les poſſéde ſoit en proye à l'*Animoſité*, à la *Colére*, à l'*Eſprit de vengeance*, ou ſeulement éloigné de tout commerce, ſans ami, ſans ſociété, privé de l'amour & de l'eſtime de ſes ſemblables, tout ce bonheur s'évanouira comme un ſonge ; au lieu que l'*Amour*, l'*Amitié*, la *Société* & l'*Humanité* quoique accompagnées de la *Pauvreté* & du *Travail*, & qui plus eſt de quelque douleur, pourvû qu'elle ne ſoit pas aſſés forte pour occuper entiérement l'eſprit, deviennent non-ſeulement l'objet & l'amour d'autrui, mais encore un ſujet

* Voy. Sect. IV. Art. 4. §. 4. & 5.

d'envie ; ce qui prouve manifeſtement
» que tous les hommes en général regar-
» dent la *Vertu* comme le plus grand des
» biens auxquels ils puiſſent aſpirer. «

En quoi conſiſte le Charme de la Beauté.

III. Il ſe préſente ici une autre réflexion que je ne dois pas paſſer ſous ſi-
lence, elle concerne la *Beauté extérieure*
dont on connoît le pouvoir infini ſur l'eſprit humain, & dont les charmes ſupé-
rieurs à ceux de toutes les autres eſpéces
de *Beautés*, ne viennent, à ce que je
crois, que de quelque qualité morale dont
on la ſuppoſe accompagnée, ou de la
vertu dont on la croit l'image. Examinons les caractéres de la *Beauté* que l'on
admire communément, & nous trouverons qu'ils ne ſont autre choſe que la

Douceur, les *Graces*, la *Majesté*, la *Dignité*, la *Vivacité*, la *Modestie*, la *Tendresse*, le *Bon Naturel* ; je veux dire que certains airs, certaines proportions, & certain *je ne sçai quoi*, sont des indices naturels de ces sortes de vertus, des talens ou des dispositions qu'on peut y avoir. On a vû ci-dessus * que la misére ou la détresse dans laquelle nous sommes, paroissent sur nôtre visage, & l'on peut dire de même que presque toutes les *Dispositions habituelles* de l'esprit se manifestent aux spectateurs par la maniére dont elles disposent les traits de cette partie. Les Passions violentes qui nous dominent paroissent au premier coup d'œil à nôtre air, de façon qu'il n'y a quelquefois point d'art qui puisse les ca-cher ; celles même qui ont le moins de force changent nos traits de façon, qu'un

* Sect. V. Art. 8. §. 2.

œil un peu exact ne peut s'empêcher de les découvrir. Lors donc que l'air naturel du visage approche de celui qu'on a lorsque l'on est dominé de quelque passion, on en tire des conjectures touchant la Passion qui maîtrisse l'esprit de celui en qui on l'apperçoit.

Quant au goût qu'on a dans certains pays pour les grosses levres, les petits nez & les petits yeux, à moins que nous ne connoissions nous - mêmes les idées qui ont pû faire admirer ces sortes de formes, soit comme naturellement belles, ou comme proportionnées au reste du visage, ou comme des indices de quelques *Qualités morales*, on peut raisonnablement l'attribuer à ces derniéres, puisque c'est sur elles qu'est fondé le goût ou l'aversion que nous avons pour ces sortes de visages. A l'égard des traits dont la forme nous paroît *naturellement désagréable*, on fçait que l'averfion qu'ils nous infpirent eft fi foible, que les *Qualités morales* fuffifent pour nous faire aimer les perfonnes en qui cette irrégularité fe trouve, quoique nous manquions nous-mêmes de cette *Régularité* que nous découvrons communément dans les autres. Nous regardons certains traits, par exemple, les yeux creux & les groffes levres comme une marque de ftupidité, nous tirons même de la couleur des cheveux des indices de l'impudicité des perfonnes, & cela étant, qu'eft-ce qui nous empêche d'attribuer à une pareille *Affociation d'idées*, foit qu'elle ait fon fondement dans la nature ou non, le goût & l'averfion que nous avons pour certaines formes, fans qu'il nous foit poffible d'en rendre raifon.

Que méprisons-nous dans ceux dont le visage n'a aucune difformité marquée ? C'est l'*Orgueil*, l'*Arrogance*, l'*Air chagrin & maussade*, le *Mauvais naturel*, la *Folie*, la *Légéreté* & l'*Étourderie* qu'on découvre à leurs traits de la maniére qu'on a dit plus haut ; & lorsque ces sortes d'airs deviennent habituels, ils nous rendent les personnes les plus réguliéres extrêmement désagréables ; au lieu que leurs contraires donnent des charmes très-puissans à celles qui étoient fort éloignées d'avoir une Beauté parfaite. Homere auroit eu beau donner à Helene toute la beauté & les charmes extérieurs qu'on est capable d'imaginer, il n'eut pas moins été ridicule d'engager ses citoyens dans une guerre pour une pareille Héroïne, quand même on la supposeroit telle que Virgile la représente ; aussi a-t-il soin, en lui conservant son caractére, de nous laisser entrevoir parmi toutes ses foiblesses, certaines qualités morales qui nous la rendent aimable, & de rappeller souvent à ses Lecteurs ses

. . . . Ἐλένις ὀρμήματά τε στοναχάς τε *

larmes & ses soupirs, comme l'origine de l'indignation de ses compatriotes, & de l'esprit de vengeance qui les animoit.

* Hom. Iliad. 2. Verf. 356. & 590.

Quelle adresse dans cet inimitable Poëte ! Ce n'est pas assez que d'avoir beaucoup d'esprit pour bien lire un Auteur rempli de sentimens ; il faut encore être honnête homme. Sans l'une & l'autre de ces qualités, on ne peut jamais être qu'un mauvais Juge. C'est peut-être par cette raison qu'il y en a si peu de bons, quoiqu'il y ait beaucoup de gens d'esprit. Mais si l'esprit & la probité sont si essentielles à un bon Critique, combien n'emporte-t-il pas de réunir ces deux qualités, lorsqu'on se propose d'être Auteur. Si l'on péche par la tête, on ne produira jamais rien qui vaille ; & si le défaut est dans le cœur, il est fort à craindre qu'on n'engendre que des monstres.

Cause de la différence des goûts en fait de Beauté.

Ce que je viens de dire peut servir à expliquer les différens *goûts* que nous avons de la *Beauté*. Quelque disposé que l'homme soit à estimer la *Vertu* & la *Bienveillance*, il peut cependant, en donnant plus d'attention à quelques-unes de ses espéces qu'à d'autres, admirer davantage certaines *Dispositions morales* que d'autres. Les guerriers, par exemple, préférent le courage à toute autre Vertu ; ceux qui ont moins de courage admirent la *douceur de tempérament* ; ceux qui pensent & qui réfléchissent, & dont les vûes sont plus étenduës, voient avec plaisir ces mêmes qualités dans ceux qu'ils fréquentent ; les personnes qui ont les Passions vives, attendent les mêmes retours de toutes les affections tranquilles, & font extrêmement touchées de la complaisance qu'on a pour elles : l'homme fier & orgueilleux aime ceux qui ont l'esprit altier, comme plus conforme à leur dignité ; quoique l'orgueil, lorsqu'il est joint à la réflexion & le bon sens, lui fasse aimer l'humilité dans la personne qu'il chérit. Puis donc que les différens temperamens des hommes leur font goûter la variété qui régne dans les caractéres de ceux avec qui ils vivent, il s'enfuit qu'ils doivent avoir différent goût pour la Beauté, selon qu'elle indique des qualités conformes à celles qu'ils possédent eux-mêmes.

On voit encore par-là d'où vient que l'amour vertueux, tout beau qu'il est, n'a aucun charme pour nous attirer des rivaux. L'amour même donne une beauté

à

à l'amant aux yeux de la personne ai-
mée, dont aucun autre homme ne reffent
l'influence. C'eft-là peut-être le charme
le plus fort qu'il foit poffible d'imaginer,
& celui qui agit fur nous avec le plus de
pouvoir, lorfqu'il n'eft contrebalancé ni
par l'intérêt mondain, ni par le vice, ni
par quelque difformité groffiére.

Air, Mouvement, Geftes.

IV. On peut appliquer ce qu'on vient
de dire à l'air & au mouvement de quelque perfonne que ce foit. Tout ce qui paffe
pour agréable dénote de façon ou d'autre
de l'enjouement, de la facilité, de la con-
defcendance, un empreffement à obliger,
un amour pour la fociété, une franchife
& une hardieffe toujours inféparables d'un
cœur fincére & incapable d'aucun mauvais
deffein ; au contraire, ce qui nous déplaît

V

dans l'air & le mouvement, c'est la grof-
fiéreté, le mauvais naturel, le dédain ou
une timidité mal placée qui marque un
homme fans monde, & peu inftruit des
devoirs de l'humanité.

Puifque nous en fommes fur l'air, le
mouvement & les geftes, on me permettra
d'obferver, qu'en confidérant les différentes cérémonies & les différentes maniéres
de témoigner du refpect qui font en ufage
chez les différentes nations, on peut conclure à la vérité qu'il n'y a aucune connexion naturelle entre ces geftes ou ces
mouvemens & les affections de l'efprit que
la coutume a voulu leur faire exprimer ;
mais lorfque celle-ci les a une fois établi
pour exprimer ces fortes d'affections, ils
deviennent par une conftante affociation
d'idées, agréables, aimables ou offenfans,
quoiqu'ils foient tout-à-fait indifférens par
eux-mêmes.

Source de l'Amour qui unit les deux sexes.

V. Examinons ici les moyens dont la nature se sert pour porter les hommes à multiplier leur espéce, & les engager à ce qui est pour eux une source de travail & de chagrin dans la vie ; en même tems qu'elle le leur fait supporter par le plaisir inexprimable qu'ils y trouvent. Elle eut pû nous exciter à la propagation de nôtre espéce par une sensation incommode, qui nous y eut efficacement déterminé, indépendamment du bonheur qui pouvoit nous en revenir ; de même que la faim & la soif nous portent à conserver nôtre corps, quoique peu de personnes regardent le boire & le manger comme un bien considérable. Elle eut pu engager les deux sexes à s'unir par les mêmes moyens qu'elle employe pour y engager les brutes ; je veux dire, par *Defir* feulement, ou par l'amour du plaifir fenfuel. Mais que la vie eut été infipide & languiffante s'il n'y eut eu rien de plus dans le mariage ! Qui eft-ce qui eut eu affez de réfolution pour fupporter tout l'embarras d'un ménage & les foins qui accompagnent l'éducation des enfans ? Qui eft-ce qui par un fimple motif de *Bienveillance* fe fut affujetti volontairement à l'affection naturelle qu'on doit à fes defcendans, puifqu'il pouvoit fi aifément prévoir les troubles dont elle peut être fuivie ?

Il faut donc que cette inclination qu'on remarque entre les deux fexes, foit fondée fur quelque chofe de plus fort, de plus efficace & de plus agréable que les follicitations importunes de la *Douleur*, ou que le fimple defir des *Plaifirs fenfuels*. La Beauté fournit une préfomption favorable

des *Dispositions morales*, & l'habitude con-
vertit cette présomption en un amour réel
fondé sur l'estime, ou elle le commence,
lorsque la Beauté n'est pas assés forte pour
faire impression sur nous. Nous nous pro-
mettons par ce moyen la jouissance des
Plaisirs moraux les plus grands, aussi bien
que celle des *Plaisirs sensuels*, sans compter
une infinité de sentimens tendres d'*humanité* & de *générosité*, & nous aspirons avec
impatience à une *société* que nous imaginons devoir être pour nous une source de
Plaisirs moraux inexprimables, où rien n'est
indifférent, & où le plus leger service de-
venant une preuve évidente de ce violent
amour & de cette estime parfaite, est reçu
des deux parties avec tous les transports &
toute la reconnoissance du plus grand bienfait & de l'obligation la plus importante ;
& où la prudence & le bon naturel venant

à influer des deux côtés, rend une pareille société préférable à tout ce qu'on peut imaginer de plus heureux dans le monde.

Si l'on examine la conduite de ceux qui font les plus adonnés au fexe, on verra que l'amour des *Plaifirs fenfuels* n'eft pas le principal motif de leurs débauches ou de leurs fauffes galanteries ; car fi cela étoit, les proftituées les plus infames devroient autant leur plaire qu'aucune autre femme que ce fut ; mais on fçait affés que les hommes les plus diffolus aiment à trouver dans les perfonnes avec qui ils fe lient, un *bon naturel,* de *la bonne foi,* de *la gayeté,* de *l'efprit*, & un grand nombre d'autres *Qualités morales ;* & ceci peut fervir à expliquer ce qui paroît par lui-même incompréhenfible, fçavoir que la *Chafteté* a des attraits auxquels les diffolus font obligés de céder, dans le tems même qu'ils s'efforcent de la détruire.

Cette puissante détermination que nous avons même à une *Bienveillance bornée,* & à plusieurs autres *Sentimens moraux,* nous porte efficacement à faire du bien à tous les hommes en général, à suivre dans toute nôtre conduite les loix de la *Tendresse,* de l'*Humanité,* de la *Générosité,* & à mépriser nôtre intérêt personnel ; outre qu'elle sert à perfectionner nos maniéres, & à régler le goût que nous avons pour la *Beauté,* l'*Ordre* & l'*Harmonie.* Dès que le cœur, qui étoit auparavant dur & insensible, vient à être ramolli par le feu dont nous parlons, il ne tarde pas à aimer la *Poësie,* la *Musique* & les *Beautés de la Nature,* & à mépriser les autres plaisirs des Sens extérieurs, & la somptuosité des habits ; il prend des maniéres humaines, il aime &

V iiij

ambitionne tout ce qui est généreux & honnête.

La Société & l'Amitié ont le Sentiment moral pour principe.

L'amitié & les liaisons que nous formons avec les autres hommes, ont des principes beaucoup plus nobles que nos besoins personnels ou nôtre propre intérêt, & elles ont leur source dans l'*amour*, le *bon naturel* & les autres qualités morales qu'une infinité de signes extérieurs nous donnent lieu d'entrevoir dans ceux que nous fréquentons : je ne regarde pas comme une des moindres cette disposition à la gayeté, & ce plaisir que l'on prend à mettre les autres de bonne humeur, qui nous force à estimer en secret, ceux qui nous mettent dans un état aussi agréable, aussi innocent & aussi conforme à la nature, ainfi que nous l'éprouvons lorfque nous nous trouvons avec des gens qui nous plaifent, & dont la converfation eft animée par une joye modérée.

L'Éloquence lui eft redevable de fon pouvoir.

VI. C'eft fur ce *Sentiment moral* qu'eft fondé tout le pouvoir que l'éloquence a fur nous. Les différentes figures du difcours ne font que différentes maniéres de s'exprimer, qu'un efprit vif animé par des paffions conformes à l'état où il fe trouve, employe naturellement, en les diverfifiant feulement quelque peu pour fe conformer à la coutume; & elles ne touchent les Auditeurs, qu'en leur repréfentant vivement les paffions de celui qui parle, & en les leur communiquant de la même maniére qu'on a dit ci-deffus *, que la

* Voyez Sect. V. Art. 8. Par. 2.

Pitié se communiquoit à ceux qui voyent souffrir un malheureux.

Au reste, les Passions que l'Orateur entreprend d'exciter dans ceux qui l'écoutent, sont toutes fondées sur des *Qualités morales*. Toutes les métaphores & les descriptions hardies, toutes les différentes maniéres d'interroger, d'argumenter & d'apostropher l'auditoire & le genre humain, ne font que des méthodes plus vives d'imprimer dans l'esprit des Auditeurs l'image des *Qualités morales* de la personne qu'on entreprend d'accuser ou de défendre, ou de leur faire recevoir ou rejetter ce qu'on souhaite. Toutes les *antithefes* ou *faillies d'esprit*, toutes les cadences sonores des périodes, quelque peu de beauté qu'elles ayent prises séparément, ne font d'aucun effet pour persuader, si l'on néglige d'émouvoir les passions par quelqu'efpéce de *Moralité*. Elles peuvent bien faire admirer l'Orateur, de ceux qui étoient déja difpofés à le favorifer ; mais le plus fouvent elles le font méprifer de fes adverfaires. Lors au contraire que vous étalés le *Bienfait* d'une action, le bon effet qu'elle aura fur le Public en protégeant l'innocent & foulageant celui qui fouffre injuftement, il fuffit de faire intervenir l'autorité au fecours de vos preuves, pour que tout homme fe range de votre fentiment, & s'y porte avec ardeur. Veut-on captiver la Bienveillance de l'auditoire pour une perfonne dont on a pris la défenfe en main, étalez fon *humanité*, fa *générofité*, fon *zéle* pour le Bien public, & fa *capacité* à le procurer ; n'oubliez point le mépris qu'elle fait des dangers & de fes plaifirs perfonnels ; & foyez furs qu'on ne manquera point de

l'aimer & de l'eſtimer. Voulez-vous émouvoir la Pitié de l'auditoire en ſa faveur, &
l'attendrir ſur ſon ſujet ? Ne manquez pas
de dépeindre ſon malheur, ou l'injure
qu'elle a ſoufferte ſans la mériter.

Il ſuffit au contraire de dépeindre la
barbarie ou la cruauté d'une action, le
malheur qu'elle doit cauſer aux gens de
bien, à ceux qui ont de la bonne foi & de
la généroſité, ou ſeulement à l'innocent,
pour la faire abhorrer de tout l'auditoire,
quand même ceux qui le compoſent n'en
auroient point ſouffert. Voulez-vous rendre une perſonne infame, le faire mépriſer & hair de tout le monde, repréſentez-
la comme cruelle, inhumaine ou traître
envers le Êtres raiſonnables les plus éloignés ; ou contentez-vous ſeulement de la
dépeindre intéreſſée & adonnée à la dé-
bauche, ſans s'embarraſſer de ſes amis, ni

de l'intérêt d'autrui, & vous viendrez à
bout de ce que vous souhaitez, pourvû
toutefois que vous n'avanciez rien sans
preuve. Veut-on diminuer l'admiration
que nous avons conçuë pour quelqu'action célébre ? Il suffit qu'on donne à entendre que celui qui l'a faite n'a eu que
son propre intérêt en vûe.

N'y a-t-il que les personnes sçavantes
& polies qui soient touchées de ces sortes
de discours ? Est-on obligé de connoître
les systêmes des *Moralistes* & des *Politiques*,
ou d'avoir étudié la *Rhétorique* pour pouvoir être convaincu d'une vérité ? Faut-
il connoître tous les différens moyens
dont on peut se servir pour parvenir à
ses fins ? Non, sans doute, puisqu'on
voit tous les jours la multitude grossiére
& ignorante être la plus touchée de ces sortes de discours. Où est-ce que l'Éloquence

a jamais eu plus de pouvoir que dans les états populaires, & avant même que les sciences euffent été perfectionnées ? La réflexion & l'étude peuvent faire naître dans l'efprit des hommes des foupçons contre l'Orateur, & les empêcher de fe rendre à fes raifons, furtout s'ils ont connoiffance de différentes formes d'argumens qu'ils mettent en ufage, & qu'ils découvrent qu'il les employe contr'eux. Mais la fimple nature céde aifément aux impreffions morales, & les adopte fans précaution & fans foupçon. Ce ne furent point les bois de l'Académie, ni les pierres du Portique, ni les chevaux dreffés de Gréce qui obéirent à la Lyre d'*Amphion* ou d'Orphée ; mais les arbres, les rochers & les tigres ; ce qui prouve » qu'il y a quelque » Sentiment de moralité antérieur à l'inf-» truction ou aux argumens métaphyfiques

» dont on se sert pour prouver que l'intérêt
» personnel de celui qu'on persuade est lié
» avec le bien public. «

Le Plaisir que nous trouvons dans la Poësie
a sa source dans le même Sentiment.

VII. Pour peu qu'on réfléchisse sur
ce que je viens de dire, on s'appercevra
sans peine que ce *Sentiment* est la source
du plaisir que nous goûtons dans la Poësie.
On a vû dans le premier Traité quel est
le fondement de celui que nous trouvons
dans les nombres, les cadences, les métaphores & les comparaisons *. Mais comme la contemplation des *Objets moraux*,
soit vertueux ou vicieux, nous affecte plus
puissamment, & remue nos passions d'une

* Voyez Traité I. Section II. Article 13.
Sect. IV. Art. 3.

maniére différente & bien plus efficace, que la *Beauté naturelle*, ou ce qu'on appelle communément *Laideur*; de même les Beautés les plus touchantes ont un plus grand rapport avec nôtre *Sentiment moral*, & nous affectent bien plus puiſſamment, que les repréſentations des objets naturels dans les deſcriptions les plus vives. La Poëſie Dramatique & Épique appartiennent entiérement à ce Sentiment, & remuent nos paſſions, en nous mettant devant les yeux les différentes fortunes de ceux qu'elles nous repréſentent comme moralement bons ou mauvais, ainſi qu'on le verra plus amplement lorſque nous traiterons de chaque paſſion en particulier. *

* Voyez l'Eſſai ſur les Paſſions du même Auteur.

Toutes

Toutes les fois que nous voulons faire defirer ou admirer un objet dont la beauté eft réelle, nous ne devons pas nous contenter d'une fimple Narration, mais tâcher, fi nous pouvons, de le repréfenter effectivement, ou d'en donner l'image la plus vive qu'il eft poffible. C'eft ce qui fait que le Poëme Épique ou la Tragédie procurent un plaifir infiniment plus grand que les Traités Philofophiques, quoique tous deux tendent à nous faire eftimer la Vertu. La repréfentation des objets, lorfqu'elle eft judicieufe, naturelle & animée, nous fait infailliblement admirer la *Vertu* & détefter le *Vice*, l'*Inhumanité*, la *Trahifon* & la *Cruauté*, par un *Sentiment moral*, fans que nous ayions befoin d'être guidez par les réflexions du Poëte; & delà vient qu'Horace regarde l'étude de

X

la *Morale* comme abfolument néceffaire à quiconque veut devenir bon Poëte.

Scribendi recte Sapere eft & principium & fons. *

» La premiére chofe & la plus néceffaire
» pour bien écrire, c'eft le bon Sens. Voilà
» la fource de tout le refte. « Et enfuite,

Qui didicit Patriæ quid debeat & quid Amicis,
Quo fit amore Parens, quo Frater amandus
      & Hofpes,
Quod fit confcripti, quod judicis officium, quæ
Partes in bellum miffi Ducis ; ille profecto
Reddere Perfonæ fcit convenientia cuique **.

» Celui qui fçait ce qu'il doit à fa Pa-
» trie & à fes Amis, quels font les diffé-
» rens degrés d'amour qu'on doit avoir

---

* Horace, Art Poëtique, V. 309.
** Ibid. V. 312. &c.

» pour un pere & pour un frere ; juſqu'où
» s'étendent les droits de l'hoſpitalité ;
» & quel eſt le devoir d'un Juge, d'un
» Sénateur & d'un Général d'Armée :
» celui-là ſçait donner à chaque perſon-
» nage les mœurs qui lui conviennent, &
» le caractére qu'il doit avoir. «

*Les Images que les Poëtes employent ſont
fondées ſur le Sentiment moral.*

C'eſt à ce même Sentiment que la Poëſie
eſt redevable d'une de ſes plus grandes
Beautés, je veux dire la Proſopopée, qui
perſonifie chaque Paſſion, & qui anime
par des Épithétes morales tous les événe-
mens, toutes les cauſes & tous les objets
naturels. Car on réunit la contemplation
des *Circonſtances* & des *Qualités morales,*
avec les *Objets naturels,* pour augmenter
leur *Beauté* ou leur *Laideur* ; & pour que

les Paffions que nous décrivons, touchent plus vivement l'Auditeur, nous avons foin de les repréfenter comme fi c'étoient des véritables perfonnes ; c'eft ainfi que nous donnons à un bois touffu un Génie & des Dieux tutelaires qui ont foin de veiller à fa confervation ; il n'eft point de fontaine qui n'ait fa Nymphe, ni de riviére qui n'ait un Dieu bienfaifant, qui répand avec fon urne l'abondance & la fertilité partout où il paffe. La lumiére du jour eft facrée, bienfaifante & efficace pour bannir les efprits nocturnes fi pernicieux aux hommes. L'Aurore eft une Déeffe bienfaifante & officieufe qui parcourt les montagnes qui ont reffenti l'influence de la rofée, pour porter la lumiére aux Dieux & aux hommes. La Guerre eft un monftre violent, cruel & fans égard, qu'aucune vertu ni compaffion ne peut détourner de fes desseins sanguinaires. Le fer est inflexible ; la fléche & la lance font avides de carnage, & brûlent d'envie de porter la mort partout. Nos machines militaires font des personnages effrayans, dont le bruit imite le tonnerre de Jupiter. Y a-t-il quelqu'un à qui l'image morale de la mort foit inconnuë ? Ne sçait-on pas qu'elle est infenfible à la Pitié, inflexible, & qu'elle exerce un empire abfolu fur tous les hommes ? Rien de plus admirable que l'image qu'Horace a fait de la Fortune *. Il nous la repréfente avec toute fa fuite, fans oublier les perfonnes qui lui font dévouées, & la fait précéder par la néceffité, qui tient dans fes mains d'airain de grands cloux, des crocs & du plomb fondu. Il n'eft pas jufqu'aux qualités de l'efprit qu'on n'ait perfonifiées. L'Amour

* Voyez Liv. I. Od. 35.

X iij

devient une *Venus* ou un *Cupidon* ; le Courage & la Prudence un *Mars* ou une *Pallas* qui affiftent & protégent les Héros; devant elles marchent la Terreur & la Mort, la *Fuite* & l'*Épouvante*, les *Cris* & l'*Étonnement*. Les Prophétes mêmes n'ont pas craint de fe fervir de ces images, & ils nous dépeignent la *Juftice* & le *Jugement* comme fervant de foutien au Trône du *Tout-Puiffant*, qu'ils font précéder par la *Vérité* & la *Miféricorde* : Ils nous repréfentent la *Paix* fortant de la Terre, & la *Miféricorde* defcendant du Ciel.

Il n'eft perfonne qui ne trouve plus de *Beauté* dans cette maniére de repréfenter les objets, dans ces images, & dans cette union d'idées morales, que dans les narrations les plus amples ou dans les defcriptions les plus naturelles & les plus animées. Lorfqu'on lit le quatriéme Livre d'Homere, & que prévenu par ce qui s'eſt paſſé dans le Conſeil des Dieux, du carnage qui doit ſuivre, on rencontre parmi la plus magnifique deſcription qu'on ait jamais imaginée, d'une flêche qui va plus vîte que les vents, l'épithéte morale ſuivante :

. . . . μελαινάων ἕρμ' ὀδυνάων *

La ſource ſûre des douleurs les plus mortelles.

On eſt plus frappé de cette ſeule circonſtance, que de toutes les deſcriptions naturelles que les hommes peuvent imaginer.

De même que l'Hiſtoire.

VIII. L'Hiſtoire tire ſon principal mérite des mœurs & des caractéres qu'elle repréſente ; & comme ceux-ci ſont ce qu'il y

* Homere, Ibid. 4. Vers 117.

X iiij

a de plus frappant dans la Nature, ils ne peuvent que caufer un plaifir infini, lorfqu'ils font dépeints comme il faut.

Et la Peinture.

IX. On fçait auffi que rien n'eft plus chétif qu'une collection des meilleurs Portraits, en comparaifon des Tableaux qui repréfentent des *Actions morales*, des *Paffions* & des *Caractéres*.

SECTION VII.

De quelques Idées morales complexes, relatives à l'obligation & au droit parfait, imparfait, externe, aliénable & inaliénable, déduites du Sentiment moral.

I. IL est aisé de voir par ce qu'on a dit, quelle est la *véritable origine des Idées morales*, je veux dire le Sentiment moral, qui nous fait approuver & estimer tout ce en quoi on apperçoit quelque *signe d'Excellence* ou quelque démonstration de *Bienveillance*. Il me reste à expliquer comment nous acquerons des Idées plus particulières de la Vertu & du Vice, en faisant abstraction de toute Loi divine ou humaine.

De l'Obligation.

On demandera peut-être s'il est possible d'avoir quelque Sentiment de l'obligation féparée des loix d'un Supérieur ? Je vais répondre à cette queftion, fuivant les différentes fignifications du mot. Si l'on entend par *Obligation*, une détermination qui, indépendamment de nôtre propre intérêt, nous porte à approuver les actions & à les faire, & qui nous rende mécontens de nous-mêmes lorfque nous agiffons d'une maniére contraire au devoir qu'elle nous impofe; dans ce fens-là, dis-je, tous les hommes feront naturellement obligés à avoir de la Bien-veillance les uns pour les autres, lors même que par quelques opinions fauffes ou partiales de l'influence naturelle de leurs actions, ce *Sentiment moral* les porte au mal; à moins qu'elle n'ait été extrêmement affoiblie par des habitudes invétérées, car il ne paroît prefque pas poffible de pouvoir l'éteindre entiérement, ou, ce qui revient au même, ce *Sentiment intérieur* & l'*inftinct* qui nous portent à la Bienveillance, influeront fur nos actions & nous rendront mécontens de nôtre conduite ; & nous ferons intérieurement convaincus que nous fommes dans un état méprifable & malheureux, fans avoir égard à aucune loi quelconque, ou indépendamment des biens extérieurs qu'on peut avoir perdus ou des peines qu'elle inflige : nous avons d'ailleurs des marques fi fûres pour diftinguer la *Bienveillance* de fa contraire, que nous ne fçaurions vraifemblablement manquer de découvrir la véritable fin de chaque action, & d'appercevoir tôt ou tard les mauvaifes fuites de ce qu'un efprit de partialité nous avoit d'abord fait trouver bon ; ou si nous manquons d'amis assez fidéles pour nous en avertir, les personnes offensées ne manquent pas de nous en faire des reproches ; tant il est vrai que nous ne sçaurions goûter de tranquillité, de satisfaction, ni de contentement parfait, qu'en nous appliquant soigneusement à connoître la fin de toutes nos actions, & en nous attachant perpetuellement à pratiquer le Bien, conformément aux notions les plus justes que nous en avons. Que si l'on entend par le mot *Obligation un motif intéressé* suffisant pour déterminer tous ceux qui le pesent mûrement, & qui recherchent leur propre avantage d'une maniére conforme à la Prudence, à agir d'une maniére plûtôt que d'une autre ; nous pourrons avoir l'idée de cette sorte d'*Obligation*, en réfléchissant sur cette détermination qui nous

porte naturellement à approuver la vertu,
à nous estimer heureux & contens, toutes
les fois que nous réfléchissons sur les bonnes actions que nous avons faites, & à
être mécontens de nous-mêmes, lorsque
nous sommes intérieurement convaincus
d'avoir agi autrement ; aussi bien qu'en
considérant combien nous estimons le bonheur qu'il y a d'être vertueux, supérieur
à tout autre *. Nous pourrons encore avoir
le Sentiment de cette espéce d'obligation,
en examinant les raisons que nous avons
de regarder la pratique constante des actions bienfaisantes & sociales, comme les
moyens les plus propres de procurer le
bien naturel de chaque individu, ainsi
que Cumberland & Puffendorf l'ont prouvé, & tout cela indépendamment de quelque Loi que ce soit.

* Voyez Sect. VI. Art. 1. & 2.

Si l'on suppose nôtre *Sentiment moral* extrêmement affoibli, & que nos Paffions intéreffées ayent pris un afcendant fur nous, foit à caufe de nôtre corruption naturelle ou des mauvaifes habitudes que nous avons prifes ; fi nôtre entendement eft foible, & que nos paffions nous expofent à croire follement & fans réflexion, que les mauvaifes actions font plus propres à contribuer à nôtre avantage, que la Bienveillance ; dans ce cas, dis-je, fi l'on me demande comment on doit s'y prendre pour porter les hommes aux actions bienfaifantes, & leur faire fentir l'obligation où ils font d'agir conftamment pour le bien Public, » Je conviendrai de » la néceffité d'une loi émanée d'un Etre » fupérieur, affez puiffant pour nous rendre heureux ou malheureux, qui puiffe contrebalancer ces motifs apparents

» d'intérêt, calmer nos Paſſions, nous
» faire recouvrer le *Sentiment moral,* ou
» du moins nous donner des vûës juſtes
» de nôtre propre intérêt. «

*Juſqu'à quel point la **V**ertu peut être enſeigné.*

II. Le principal devoir d'un Moraliſte,
eſt de prouver par des raiſons ſolides,
» que la *Bienveillance univerſelle* contribue
» à la félicité de celui qui la poſſéde, ſoit
» à cauſe du plaiſir qu'on trouve à y réflé-
» chir, de l'honneur & des bons offices
» qu'elle procure de la part de ceux dont
» nôtre bonheur dépend dans ce monde;
» ou à cauſe des ſanctions *des Loix divines*
» qui nous ſont manifeſtées par la conſti-
» tution de l'univers «; pour qu'aucune
vûe apparente de l'intérêt puiſſe traverſer
cette inclination naturelle; & non point
de prouver » que la vûe de nôtre propre

» avantage, quel qu'il soit, peut nous por-
» ter à avoir de la Bienveillance pour nos
» semblables. « Les obstacles que l'amour
propre nous oppose, une fois levés, la
nature ne manquera pas de nous porter à
la Bienveillance. Qu'on s'attache à montrer le malheur qui accompagne un Amour
propre excessif, & il ne traversera plus
l'inclination naturelle que nous avons à
la Bienveillance; car si cette noble disposition est une fois délivrée de l'esclavage de l'ignorance, & des fausses vûes
d'intérêt dont on vient de parler, elle
tirera du secours de l'Amour propre même, & deviendra assez forte pour former
un caractére vraiment noble & vertueux.
Il doit ensuite tacher de découvrir en réfléchissant sur les affaires humaines, quelles
sont les actions qui peuvent procurer plus
efficacement ce *Bien universel*, les régles ou

les

les maximes générales qu'on doit fuivre,
auffi bien que les exceptions qu'elles peuvent fouffrir fuivant l'occurrence des cas ;
afin que nos bonnes inclinations puiffent
être dirigées par la raifon, & par une jufte
connoiffance des intérêts de l'humanité.
On ne doit point s'imaginer que la *Vertu*
proprement dite, ou les bonnes difpofitions de l'Efprit, puiffent être directement
enfeignées ou produites par l'inftruction ;
elles doivent être originairement impri-
mées en nous par le grand Maître, & enfuite fortifiées & affermies par la culture
que nous donnons à nôtre efprit.

Objection.

III. On a fouvent foin de nous dire,
∞ qu'il eft inutile de fuppofer un pareil
∞ *Sentiment moral* dans l'homme, puifque
∞ la réflexion & l'inftruction nous rendent

Y

» les mêmes actions recommandables par
» des raisons tirées de nôtre propre intérêt,
» & nous engagent à les faire par un prin-
» cipe d'amour propre dont tout le monde
» convient, sans qu'il soit besoin de cette
» détermination inintelligible à la Bien-
» veillance, *ou de la qualité occulte* d'un
» *Sentiment moral.* «

*Le Sentiment moral ne dépend point
de la réflexion.*

Il se peut faire, il est vrai, que la raison
& la réflexion nous fassent approuver les
mêmes actions comme avantageuses ; mais
ne nous font-elles pas estimer de même
des mets que nous trouvons agréables au
goût ? Conclura-t-on delà que nous n'a-
vons point de goût, ou que ce Sentiment
est inutile ? Non certes. L'usage en est évident dans l'un & l'autre cas. On a beau

vanter cette fupériorité de raifon qui nous éleve au-deffus des autres animaux, fes progrès font trop lents, trop remplis de doute & d'incertitude, pour pouvoir en faire ufage dans toutes fortes d'occafions, foit pour nôtre propre confervation fans les fens extérieurs, ou pour diriger nos actions pour le bien du *Tout*, fans le *Senti-ment moral*. Il y a plus, fans ces *Con-feillers vigilans* & ces *Solliciteurs importuns*, nous ne fçaurions être fi fortement déter-minés en tout tems à ce qui conduit le plus à cette fin; ni fi noblement récom-penfés, lorfque nous travaillons avec vi-gueur à les obtenir, par les réflexions calmes & languiffantes de nôtre intérêt perfonnel, que par ces Senfations agréa-bles.

Cette *Détermination naturelle* à approu-ver & à admirer, à hair & à méprifer les actions, est sans contredit une *Qualité occulte* : mais est-il plus étonnant que l'idée d'une action produise de l'estime ou du mépris, que de voir le mouvement ou le déchirement de la chair causer du *Plaisir* ou de la *Douleur*, ou l'acte de la volonté mouvoir la chair & les os ? Dans ce dernier cas, nous avons de même que l'éléphant & la tortuë un cerveau, des fibres & des fluides élastiques, & des esprits animaux, capables de vaincre la difficulté : mais qu'on fasse un pas de plus, & l'on trouvera que la chose n'est pas moins difficile à expliquer, ni moins mistérieuse que cette *Détermination* à aimer & approuver, ou à condamner & mépriser les actions & ceux qui les font, indépendamment de tout intérêt, selon qu'elles paroissent bien ou malfaisantes.

On pourroit nous objecter qu'en suivant

nos idées, on feroit porté à regarder les brutes comme capables de vertu ; ce qui a toujours été traité comme le comble de l'abfurdité : mais il eft évident premiérement, que les Animaux ne font point capables d'un fi haut degré de vertu, fixé par nôtre fyftême, & qui confifte dans une *Détermination tranquille* de la volonté au bien d'autrui ; fi ce qu'on dit des bêtes eft vrai, qu'elles font toujours entraînées par les paffions particuliéres, que la préfence des objets qui frappent leurs fens, met en mouvement. Quoiqu'il en foit, il faut convenir que nous remarquons dans le caractére de certains animaux *, quelque chofe qui gagne nôtre Affection &

* Ciceron ne craint point de dire de certaines Brutes, *Videmus indicia pietatis, cognitionem, memoriam, defideria,* .... *Secreta à voluptate humanarum fimulacra virtutum,* de finib. lib. 2. ch. 33.

nôtre Bienveillance ; & qui nous leur fait accorder une espéce subalterne d'estime, quoique nous ne soyons pas dans l'habitude de les regarder comme vertueux ; mais sommes-nous plus indulgents pour nos enfans ; & dans le bas âge, leur faisons-nous un grand mérite des dispositions douces & amiables que nous découvrons en eux ? Il y a cependant quelque bonté dans ces dispositions, & je ne vois pas quel inconvenient il y auroit à les traiter de vertu. Mais il n'y a dans ces créatures privées de la réflexion, qu'une bonté subalterne ; si elles sont incapables de connoître les loix ; si leurs sanctions n'agissent point sur elles ; si l'espoir des récompenses ne les entraine point ; si elles ne sont point arrêtées par la crainte du châtiment ; il s'enfuit qu'on ne peut les appeller en justice, ni leur faire subir des interrogatoires

ni des fentences. En effet, pourquoi en
agiroit-on autrement avec elles ? Les loix,
les récompenfes & les châtimens ne pro-
duifant fur elles aucun de ces effets qu'ils
ne peuvent avoir que fur des Étres raifonnables. Le plaifir ou la peine immédiate
de leurs actions, le châtiment que l'homme leur inflige, eft peut-être la feule récompenfe ou la feule peine que la nature
leur ait deftinées. Il n'y a rien dans tout
cela qui implique contradiction ; & je ne
vois pas ce qu'on pourroit inférer contre
nous de ce que nous admettons une efpéce
infime de Vice & de Vertu, dont la récompenfe ou le châtiment ne foumet point
aux loix du gouvernement les créatures
privées de raifon & de réflexion, en qui
ces Vices ou ces Vertus fe rencontrent.

Lorfqu'on fuppofe pour prouver qu'il ne
peut y avoir de pareil Sentiment antérieur

à toute vûe d'intérêt, » que ces actions
» font pour la plûpart réellement avanta-
» geufes de maniére ou d'autre à l'Agent,
» à celui qui les approuve, ou aux hom-
» mes en général, dont la félicité peut
» en quelque forte améliorer nôtre état. «
Ne peut-on pas demander, en fuppofant
que la Divinité imprime un pareil Sentiment de quelque chofe d'aimable dans les
actions (fuppofition qui n'eft point impoffible,) quelles font celles qu'une Divinité bienfaifante nous détermineroit à approuver ? Niera-t-on la poffibilité d'une
pareille Détermination, fi elle ne nous
porte point à admirer les actions qui ne
font d'aucune utilité au genre humain,
ou à aimer un homme pour fes talens fu-
périeurs dans des bagatelles, comme diffé-
quer des papillons, étudier des mouches,
&c. ? Si donc les actions qu'une Divinité

fage & bienfaifante nous détermine à approuver, fuppofé qu'elle nous donne un
pareil Sentiment, doivent néceffairement
être avantageufes au public, cet avantage
ne fçauroit jamais être une raifon contre
le *Sentiment* même. Nous devrions par le
même motif nier la révélation qui nous
enfeigne la *Piété*, l'Humanité, la Juftice
& un culte raifonnable, à caufe que la raifon & l'intérêt autorifent & recomman-
dent ces fortes de principes & de devoir ;
& adopter avec avidité ce qui n'eft que
contradiction, fotife & fafte, comme d'inf-
titution divine, quoiqu'il n'y ait en cela
rien d'humain ou d'utile aux hommes.

C'eft au Sentiment moral à juger des Loix.

IV. Ceux qui tiennent pour les fyftêmes
oppofés, & qui déduifent toutes les idées
du *Bien* & du *Mal*, de l'utilité qui en

revient à l'Agent, ou du rapport qu'ils ont avec la *Loi* & *ses Sanctions*, soit qu'elle soit connuë par *Raison* ou par *Révélation*, ont continuellement recours à ce *Sentiment moral* qu'ils nient ; non-seulement lorsqu'ils donnent aux Loix de la divinité les épithétes de *Bonnes* & d'*Équitables*, & qu'ils regardent l'empire qu'elle exerce sur nous comme *juste* & *raisonnable* ; mais encore lorsqu'ils se servent d'une foule de mots qui ont une signification tout-à-fait différente de celle qu'ils prétendent leur donner. L'*Obligation*, selon eux, *n'est qu'une constitution fondée sur la nature ou l'autorité, qui fait qu'il est plus avantageux à l'Agent d'agir d'une certaine maniére plûtôt que d'une autre.* Substituons cette définition partout où nous trouverons les mots *on doit*, *il convient*, *il faut*, dans un Sens moral, & la plûpart de leurs principes

paroîtront extrêmement étranges, comme
font ceux-ci, que la divinité *doit* agir conformément à la raifon, ne *doit* point châ-
tier l'innocent, qu'*elle doit* rendre l'état
de l'homme vertueux plus heureux que
celui du méchant, qu'elle *doit* s'acquitter
de fes promeffes, & une infinité d'autres
qu'on rend tous ridicules ou problémati-
ques en y fubftituant la définition des mots
il faut, on doit, il convient.

V. Rien ne prouve mieux que nos premiéres idées du *Bien moral* font indépendantes des Loix, que l'examen conftant
que nous faifons de la juftice des *Loix
divines & humaines.* Quel peut être le Sens
de cette opinion générale, » que les *Loix*
» de Dieu font *juftes*, bonnes & faintes? «
Les Loix humaines peuvent être appellées
bonnes à caufe de leur conformité avec la
Loi divine. Mais à quoi bon appeller les

Loix de l'Etre suprême, *bonnes*, saintes ou équitables, si *la Bonté, la Sainteté & la Justice* sont entiérement dépendantes des *Loix* ou de la volonté d'un Supérieur qui nous a été révélée de façon ou d'autre. Ce n'est-là qu'une *Battologie* qui ne signifie autre chose, sinon que *Dieu veut ce qu'il veut*.

Il faut donc nécessairement supposer quelque *Bonté absoluë* dans les actions, & cette Bonté n'est autre chose que la *Bienveillance* ou le *Desir* du bonheur naturel des Êtres raisonnables ; & que nous appercevons cette *Excellence* à l'aide du *Sentiment moral* qui est en nous ; & pour lors nous appellons les Loix de la Divinité *Bonnes*, lorsque nous les croyons propres à contribuer au *Bien public*, de la maniére la plus générale & la plus efficace. Nous appellons de même la Divinité *Bonne* dans un *Sentiment moral*, lorsque nous concevons que sa Providence est entiérement employée à procurer le Bonheur universel de ses créatures, & c'est ce Bonheur qui nous fait admettre en elle la *Bienveillance* & le *Desir* dont on vient de parler.

La *Bonté* des *Loix divines* ne consiste, selon quelques-uns, » *que dans leur confor-* » *mité à quelque Rectitude essentielle de sa na-* » *ture.* « Mais on me dispensera d'admettre cette opinion, jusqu'à ce qu'on m'ait montré le véritable sens de cette métaphore *Rectitude essentielle*, & que je puisse discerner si on entend par-là quelque chose de plus qu'une *Bienveillance* parfaitement *sage, uniforme & impartiale*.

Différence entre la Contrainte
& l'Obligation.

On peut voir par-là en quoi la *Contrainte* différe de l'*Obligation*. Il n'y a point de différence, il est vrai, entre la *Contrainte* & le second sens du mot *Obligation*, qu'on définit une *Constitution qui nous fait préférer une action à une autre par l'intérêt que nous y trouvons*, si l'on veut seulement parler de *l'intérêt extérieur*, distinct de ce Sentiment intérieur & agréable qui naît du *Sentiment moral*. Il est inutile d'avertir le Lecteur, que par le mot de *Contrainte*, on ne prétend point entendre une force extérieure, qui remue nos membres sans nôtre consentement ; car dans ce cas, on ne sçauroit nous donner le titre *d'Agents*. On veut seulement parler d'une contrainte occasionnée par un *Mal* dont on nous menace, à dessein de nous faire agir d'une certaine maniére plûtôt que d'une autre ; ce qui n'empêche pas néanmoins, qu'on n'admette une différence considérable entre cette espéce de *Contrainte* & d'*Obligation*.

Nous ne difons jamais que nous fommes *obligés* à faire une action que nous eftimons méprifable, mais que nous y fommes contraints. Nous ne difons jamais non plus, que les *Loix divines* nous contraignent par leurs *Sanctions ;* mais bien qu'elles nous obligent. Nous n'appellons pas non plus du nom de *Contrainte*, l'obéiffance que nous rendons à la Divinité, fi ce n'eft dans un fens métaphorique, quoique plufieurs perfonnes avouent l'influence que la crainte des châtimens a fur elles. S'il arrivoit cependant qu'un *Étre malfaifant & tout-puiffant*, nous obligeât fous des peines très-griéves à devenir *Traîtres, Cruels & Ingrats*, nous ne manquerions pas de donner à cette Obligation le nom de Contrainte. Voici en quoi confifte cette différence. Lorfque quelque *Sanction* co-opere avec nôtre *Sentiment moral* à nous faire faire des actions que nous estimons *moralement bonnes*, nous disons que nous y sommes obligés. Lors au contraire que les *Sanctions* des châtimens ou des récompenses s'opposent à nôtre *Sentiment moral*, nous disons que nous sommes contraints ou subornés. Dans le premier cas, nous donnons au Législateur la glorieuse épithéte de *Bienfaisant*, comme ayant le Bien public en vûe; & dans le second, nous l'appellons *Méchant* ou *Injuste*, à cause que nous supposons en lui une intention contraire. S'il étoit vrai que toutes les idées que nous avons du *Bien* ou du *Mal moral* ne vinssent que de l'opinion que nous avons de l'*avantage* ou du *préjudice* que les actions peuvent nous causer, je ne vois pas qu'il fut possible de distinguer la signification de ces mots.

Des

Des différentes espéces de Droits.

VI. C'eft à ce même fentiment que nous devons attribuer les idées des différents Droits qui ont été établis parmi les hommes. Toutes les fois que nous jugeons que la *faculté de faire*, *de demander*, *ou de poffé-der quelque chofe généralement permife dans certaines circonftances, doit contribuer au Bien général*, nous difons de celui qui fe trouve dans ces circonftances, qu'il eft en droit de *faire*, de *pofféder*, ou de *demander* cette chofe; & ce Droit eft plus ou moins grand, felon que le *Bien public* y eft plus ou moins intéreffé.

Droits parfaits.

Les Droits qu'on appelle *parfaits* font *d'une telle néceffité pour le Bien public, qu'il fuffiroit pour rendre la vie infupportable, que*

tout le monde les violât. Une pareille infraction rend même actuellement malheureux
ceux fur qui elle influe ; au lieu que leur
accompliffement dans toute occafion tend
au Bien public , ou directement , ou en
procurant l'avantage d'une partie. D'où
il fuit manifeftement « Que la permiffion
» de défendre ou de pourfuivre ces fortes
» de *Droits* par la force , avant l'établiffe-
» ment du Gouvernement Civil , ne pou-
» voit être plus nuifible au public dans
» quelque cas particulier que ce fût , qu'il
» ne l'eft de les violer avec impunité ; il
devoit même y avoir de l'avantage pour
le tout dans l'état de nature à pouvoir
pourfuivre ces fortes de *Droits* par la force , vû que cela faifoit craindre à chaque
individu d'attenter contre les *Droits parfaits* de ceux avec qui il vivoit.

Droit de déclarer la guerre & d'infliger des châtiments.

Tel est l'*Effet moral* qui résulte des injures personnelles, ou du violement des *Droits parfaits* d'autrui, qu'il nous met en *Droit* de déclarer la guerre & d'employer toute la violence nécessaire pour obliger l'aggresseur à reparer les dommages qu'il a faits, & à nous fournir des sûretés à l'abri desquelles on n'ait désormais rien à craindre de sa part. C'est-là l'unique fondement du *Droit* que l'on a de punir les criminels & de poursuivre nos *Droits* par la force dans l'état de nature, & ces *Droits* qu'a naturellement la personne offensée, ou ceux qui l'assistent volontairement ou par condescendance, d'employer la force selon l'avis d'Arbitres désintéressés, étant transferé du consentement de l'offensé au

Magiftrat prépofé pour veiller au maintien de l'état civil , deviennent le vrai fondement du *Droit* qu'on a de punir les crimes. J'appelle *Droits parfaits* ceux qui s'étendent fur nos vies , fur le fruit de nôtre travail , qui nous mettent à même d'exiger l'accompliffement d'un Contrat , fur des confidérations valables , de ceux qui font en état de le procurer , de diriger nos propres actions , foit pour le *Bien public* , foit pour nôtre intérêt perfonnel avant que nous les ayons foumifes en quelque forte à la direction d'autrui , & plufieurs autres de même nature.

Droits imparfaits.

J'entends par *Droits imparfaits* , ceux dont l'infraction quoiqu'univerfelle ne fçauroit rendre néceffairement les hommes miférables. Ces fortes de *Droits* contribuent à l'augmentation du Bien pofitif dans la Société ; mais ils ne font point abfolument néceffaires pour prévenir une mifere univerfelle. Leur violement fruftre les hommes du bonheur qu'ils attendoient, de l'humanité ou de la reconnoiffance de ceux avec qui ils vivent, fans les priver du Bien dont ils jouiffoient auparavant ; par où il paroît » qu'une pourfuite trop » violente de ces fortes de *Droits* caufe- » roit généralement plus de mal que » leur violement ». D'ailleurs, approuver la force dans ces fortes de cas , ce feroit vouloir priver les hommes du plus grand plaifir qu'ils trouvent dans les actions qui partent d'un fond de bonté , d'humanité & de gratitude, & qui ceffe-roient d'être aimables fi l'on pouvoit y être contraint. On peut mettre au nombre des Droits imparfaits ceux que le pauvre a fur la charité du riche ; ceux que tous les hommes ont fur les bons Offices qui ne coûtent ni travail, ni dépenfe à ceux qui les rendent ; ceux enfin, que les Bienfaiteurs ont fur la reconnoiffance de leurs clients & d'autres femblables.

Le violement des *Droits imparfaits* prouve feulement, qu'un homme n'a pas affez de bienveillance pour procurer le bien pofitif d'autrui, pour peu qu'il foit oppofé au fien propre, au lieu que le violement des *Droits parfaits* marque dans l'Aggreffeur une méchanceté ou une cruauté pofitive, ou du moins un amour propre immoderé qui le rend indifférent fur la mifere & la ruine pofitive d'autrui, lorfqu'il s'imagine y trouver fon intérêt. En violant les premiers, il témoigne un *Defir* fi foible du *Bien public*, que la plus petite vue de fon propre intérêt fuffit pour le contrebalancer ; mais en violant les dernier, nous nous montrons fi peu fenfibles au malheur d'autrui, que l'envie d'augmenter nôtre propre bonheur furmonte toute la compaffion que nous devrions avoir pour lui. Au refte, comme on fupporte plus aifément l'abfence du bien que la préfence du mal ; de même les bons fouhaits pour le bonheur pofitif des autres, font infiniment plus foibles que la compaffion que nous avons de leur mifere. Il s'enfuit donc que celui qui viole les Droits imparfaits, témoigne que fon amour propre furmonte le *Defir* qu'il avoit du *Bien pofitif* de fes femblables ; au lieu que celui qui viole les *Droits parfaits*, manifefte un fi grand defir d'augmenter fon propre *Bien*, qu'il furmonte toute la compaffion que la mifere d'autrui pourroit exciter en lui.

Z iv

Droits externes.

Outre ces deux fortes de *Droits*, il y en a un troifiéme qu'on appelle *Externe*, qui confifte à faire, à obtenir ou à demander une chofe qui eft réellement préjudiciable au public dans quelque cas particulier, en tant qu'elle eft contraire au Droit imparfait d'un autre ; cependant en refufant généralement aux hommes ce Droit de faire, de poff'éder ou de demander cette chofe, ou d'employer leurs forces pour l'obtenir, on cauferoit des maux infiniment plus grands, que ceux qu'on appréhende de fon ufage. On voit par-là » qu'on » ne fçauroit s'oppofer avec juftice, mê- » me aux *Droits externes*, puifqu'il con- » vient au bien de tout le monde de pou- » voir employer la force pour en obtenir » l'exécution ».

Les Sociétés civiles ont fubftitué à la

force dont il eſt permis aux hommes de faire uſage dans l'état de nature, l'obligation de ſe pourvoir en Juſtice, pour demander ſatisfaction ſur le tort qu'ils prétendent avoir reçû.

Je mets au nombre des *Droits externes* ceux qu'un avare opulent a de revendiquer un prêt d'un Marchand pauvre, mais induſtrieux en quelque tems quece ſoit ; celui de demander l'exécution d'un traité qui eſt à charge à l'une des Parties ; celui qu'a un riche héritier de refuſer le payement des dettes qu'il a contractées pendant ſa minorité, quoiqu'il n'y ait aucune fraude de la part du Prêteur ; celui de tirer avantage d'une Loi poſitive, contraire à ce que l'équité exigeoit avant qu'elle fût établie ; comme lorſqu'un acte enregiſtré prévaut ſur celui qui ne l'eſt point, quoiqu'il lui ſoit antérieur, & qu'on ait ſçû qu'il étoit tel avant le second contrat.

Quels Droits peuvent être opposés.

Puis donc qu'une *Action*, une *Demande* ou une *Possession* ne peut être à la fois né-cessaire ou utile au public, en même-tems que son opposée est nécessaire ou utile pour le même effet; il s'ensuit, « qu'il ne sçau-» roit y avoir d'opposition entre les *Droits* » *parfaits* ni entre les *imparfaits*, non plus » qu'entre les parfaits & les imparfaits ». Il peut cependant arriver souvent qu'il convienne pour le bien public d'accorder le *Droit* de *faire*, de *posséder* ou de deman-der & d'en poursuivre l'exécution par la force, quoiqu'il y eût eu peut-être plus d'humanité & de bonté d'ame d'agir au-trement & de renoncer à son *Droit* : Mais il est certain qu'une opposition violente à ces *sortes de Droits* eût été infiniment plus pernicieufe que toute l'inhumanité avec laquelle on en ufe ; & de - là vient que quoique les *Droits externes* ne puiffent point être oppofés entr'eux , ils peuvent cependant l'être aux *Droits imparfaits* ; mais le violement de ces derniers ne donne aucun *Droit* d'employer la force. D'où il fuit » que deux Partis oppofés ne peuvent » ufer tous deux en même-tems de leur » force , ni fe faire la guerre refpective-» ment avec juftice ».

Droits aliénables & inaliénables.

VII. Les *Droits* différent encore entr'eux felon qu'ils font *aliénables* ou *inaliénables.* Voici deux marques aufquelles on peut connoître ceux qui le font ou qui ne le font point.

1°. Il faut qu'une pareille aliénation foit dans notre pouvoir naturel , de façon que

nous foyons les maîtres de transférer effectivement notre Droit.

2°. Il faut enfuite que le tranfport de
ces fortes de Droits puiffe fervir à quelque fin valable.

Il paroît donc par la première marque
» que *nous ne fommes point maîtres d'aliéner*
» *le Droit que nous avons fur notre confcience*
» *ou fur nos fentimens intérieurs* » ; puifque
notre croyance ne dépend ni de nous, ni
d'autrui. Il en eft de même de nos *affections intérieures* qui naiffent néceffairement
des opinions que nous avons de leur objet. Il fuit de la feconde » *que nous ne*
» *fçaurions aliéner le Droit que nous avons*
» *de fervir Dieu de la manière que nous ju-*
» *geons lui être la plus agréable* » ; à caufe
qu'il ne peut jamais y avoir de l'utilité à
forcer les hommes à pratiquer un culte
qu'ils croyent contraire à fa volonté. Nous

ne fçaurions de même aliéner à qui que
ce foit le Droit direct que nous avons fur
nos vies ou fur nos membres, en forte qu'il
foit en fon pouvoir de nous mettre à mort
ou de nous mutiler. Nous fommes en
droit, il eft vrai, d'hazarder notre vie,
toutes les fois qu'il s'agit d'une action qui
peut être utile au public. Il peut même
fouvent y avoir de l'utilité à foumettre la
conduite des actions périlleufes que nous
entreprenons pour le bien public à la prudence d'autrui ; comme font les foldats à
leur Général ou à un Confeil de Guerre :
voilà jufqu'à quel point on peut aliéner
ce Droit. Ces exemples fuffifent pour nous
montrer l'ufage des deux marques aufquelles on peut connoître fi certains Droits
font aliénables ou non ; elles doivent concourir toutes deux pour les rendre tels, &
il eft aifé d'en faire l'application dans les
autres cas.

Fondement de la Propriété.

VIII. Pour mieux comprendre le fondement de quelques-uns des Droits les plus importans de l'humanité , il est bon d'observer , qu'il y a vraisemblablement les neuf dixiémes au moins des choses utiles aux hommes, qui sont dûes à leur travail & à leur industrie ; d'où il suit que lorsque les hommes deviennent si nombreux, que les productions naturelles de la terre ne suffisent point pour leur entretien , pour leurs commodités ou pour leurs plaisirs innocens ; on est nécessairement obligé pour la conservation de l'espéce de tenir la conduite qu'on croit la plus propre à exciter l'industrie , & de s'abstenir de toutes les actions qui pourroient produire un effet contraire. On sçait assez que la *Bienveillance générale* seule n'est point

un motif affez fort pour reveiller l'induftrie des hommes & les engager à fupporter le travail & la fatigue & un grand
nombre d'autres difficultés aufquelles
nous répugnons par amour propre. Il a
donc fallu néceffairement quelque chofe
de plus pour nous porter au travail, fçavoir, les liens du fang, de l'amitié, de la
reconnoiffance, & même des motifs d'honneur & d'intérêt externe. *L'Amour propre*
eft certainement auffi néceffaire au bien du
Tout que la *Bienveillance;* & on peut le comparer en cela à l'*Attraction,* qui unit les parties des corps, & qui n'eft pas moins néceffaire à la régularité du fyftême univerfel que la Gravitation. Sans les motifs dont
on vient de parler, l'amour propre ne
manqueroit pas de s'oppofer au mouvement de la Bienveillance, de concourir
avec la malice, ou de nous porter aux

mêmes actions que celle-ci. « Il s'enſuit
» donc que toute action qui détruit les
» liens les plus forts de la Bienveillance,
» qui bannit de nos cœurs les autres mo-
» tifs ſuggerés par l'honneur & l'utilité,
» & qui nous empêche d'employer no-
» tre induſtrie pour le bien du *Tout*, eſt
» effectivement mauvaiſe ; & c'eſt ce que
je vais prouver ».

Je dis donc que rien n'eſt plus capable
d'énerver l'induſtrie à laquelle nous ſommes portés par l'amour propre & les liens
du ſang & de l'amitié, que de priver quelque perſonne que ce ſoit du fruit de ſon
travail. Une pareille conduite ne laiſſe
d'autre motif que la *Bienveillance générale* ;
& qui plus eſt, expoſe l'homme induſtrieux à devenir la proye du pareſſeux,
& met l'*Amour propre* en compromis avec
l'induſtrie. Tel eſt le fondement du Droit
de

de *Domaine* & de *Propriété* que nous avons fur les fruits de notre travail, & fans lequel nous pourrions à peine compter fur l'induftrie des hommes, & nous promettre rien au-delà de ce que peut fournir une terre inculte. Notre induftrie fe borneroit à la néceffité préfente & s'endormiroit dès que nous y aurions pourvû ; du moins ne fubfifteroit-elle que par le foible motif d'une *Bienveillance* univerfelle, s'il ne nous étoit point permis de pourvoir au-delà de notre néceffaire, & de difpofer de ce qui nous eft inutile pour le préfent, foit en l'échangeant pour d'autres chofes dont nous avons befoin, foit en l'employant pour le fervice de nos amis ou de nos familles. C'eft-là le fondement du Droit que les hommes ont d'amaffer pour l'avenir des biens dont ils font fûrs de n'être point dépouillés ; de les

A a

aliéner par le commerce & d'en faire pre-
sent à leurs amis , à leurs enfans & à
leurs proches : vouloir agir autrement, ce
seroit dépouiller l'industrie de tous les
motifs qui sont fondés sur l'*Amour propre*,
sur l'*Amitié*, sur la *Reconnoissance* & sur
l'*Affection naturelle*. C'est encore là-dessus
qu'est fondé le *Droit* qu'on a de disposer
de son bien par Testament, de même que
celui des successions *ab intestat*.

C'est encore sur ce même principe
qu'est fondé le *Droit externe* qu'un avare a
sur un trésor dont il ne fait aucun usage ;
car permettre aux hommes de le dépouiller par violence & sans son consentement
des Biens qu'il a acquis , ce seroit vouloir
décourager l'industrie , & bannir tous les
plaisirs qui résultent de la *Générosité*, de
l'*Honneur* & de la *Charité*, qui ne sçauroit
subsister avec la force ; outre qu'il est

difficile de diftinguer dans plufieurs cas un homme avare de celui qui ne l'eft point.

Droits du Mariage.

Le Mariage doit être tel qu'il affure l'état des enfans qui en proviennent ; autrement, ce feroit ôter aux mâles un des plus fort motif qu'ils ayent de contribuer au bien public , fçavoir , l'*Affection naturelle*, & décourager l'induftrie , ainfi qu'on l'a dit ci-deffus.

Du Commerce.

Un particulier ne fçauroit obtenir par fon travail toutes les chofes dont il a befoin pour la confervation de fa vie , encore qu'il puiffe s'en procurer une feule avec fuperfluité. De-là le *Droit de trafiquer* & d'aliéner nos biens, de même que ceux que nous avons fur les richeffes ou le travail d'autrui en vertu des contrats & des pro-meffes.

Du Gouvernement Civil.

Les avantages que les hommes tirent du pouvoir qu'ils accordent à des Arbitres impartiaux de décider les démêlés que l'*Amour propre* fait naître ordinairement parmi eux , auffi-bien que de la Prudence des perfonnes qu'ils prépofent , non-feulement pour inftruire les peuples des moyens les plus efficaces de procurer le bien public,& de fe mettre à couvert des injures qu'ils peuvent recevoir de ceux avec qui ils vivent ou de la part des étrangers ; en les muniffant en même-tems d'une force fuffifante pour faire obferver leurs décrets & leurs ordres au-dedans, & rendre la fo-ciété dont ils font les chefs, formidable au-dehors : ces avantages , dis-je , montrent suffisamment le Droit que les hommes ont eu d'établir un Gouvernement civil , & de soumettre des Droits qu'ils ne pouvoient aliéner, à la disposition des Magistrats qu'ils ont choisis , en limitant toutefois leur pouvoir de la maniere qu'ils ont jugée la plus conforme à la Prudence. Dès que le Peuple s'est ainsi une fois dépouillé de ses droits , ceux qui le gouvernent ont au moins un *Droit externe* d'en disposer selon que leur Prudence le leur suggere , pour parvenir au but de leur institution, sans toutefois qu'il leur soit permis de rien entreprendre au-delà.

Corollaires qui peuvent servir à comparer les dégrés des vertus & des vices de chaque action.

IX. On voit par ces exemples que

A a iij

nôtre *Sentiment moral* , joint à quelque peu de reflexion fur les fuites des actions, fuffit pour concilier les Droits des hommes. Appliquons maintenant les régles générales qu'on a données ci-deffus * , pour comparer les dégrés des vertus & des vices des actions, à un petit nombre de Corollaires, outre celui qu'on a déja déduit **.

Capacité.

1. Dans une entreprife quelconque, bonne ou mauvaife, le défaut de fuccès en tout ou en partie occafionné par une Puiffance extérieure, ou par un accident imprévu, n'influe point fur la bonté ou la malice de l'Agent ; car fi l'entreprife

*Voyez Sect. III. art. 11. & 12.

** Voyez Sect. III. art. 15. §. 3.

manquée eſt louable , ſes avantages & l'habileté de l'Agent ſe réduiſant à zero , le
Quotient reſte le même : c'eſt la même
choſe ſi l'entrepriſe eſt blâmable ; d'où il
ſuit qu'il ne faut point juger des actions ,
ſoit bonnes ou mauvaiſes par l'évenement,
à moins que dans les entrepriſes blâma-
bles , l'Agent n'ait pû le prévoir , & que
dans les entrepriſes louables,il ne ſe le ſoit
propoſé : l'évenement ne marque autre
choſe dans pareil cas de la part de l'A-
gent qu'*Amour* ou *haine.*

Intérêt.

2. Toutes les fois que les récompenſes
temporelles annexées à la vertu , influent actuellement ſur l'Agent avec plus
de force que la *Bienveillance*, elles diminuent la bonté morale de ſon action , à
proportion qu'elles ont été néceſſaires

pour l'y porter, ou pour lui faire faire plus de bien qu'il n'eût fait fan scela ; puifqu'en augmentant l'intérêt, elles diminuent la Bienveillance dont on doit le fouftraire. A l'égard des *Intérêts additionels* qui n'étoient point abfolument néceffaires pour mouvoir l'Agent, comme font les récompenfes qu'il attend d'un Être bienfaifant pour des actions qu'il a entreprifes fans aucune vûe intéreffée, elles ne diminuent en rien fa vertu. Il n'appartient cependant à perfonne de fe porter pour Juge d'un autre dans une pareille affaire. De même, les bienfaits que nous avons rendus en vûe de quelque reconnoiffance, ne diminuent en rien notrre générofité, pourvû toutefois que nous les euffions conférés gratuitement. On peut appliquer ce Corrollaire aux récompenfes qu'on attend dans l'autre vie, fuppofé qu'on les conçoive comme diftinctes des plaifirs qui accompagnent la vertu. Que fi on ne les conçoit pas comme telles, le defir même dont on vient de parler eft une forte preuve d'une difpofition vertueufe.

3. Tout avantage extérieur qui nous porte à des actions dont les fuites doivent être nuifibles à autrui ; mais que nous n'euffions point faites fans la vue de cet avantage, diminue la méchanceté de l'action , telle eft l'attente de quelque grande récompenfe, le defir d'éviter un châtiment, ou même les follicitations importunes des Paffions intéreffées violentes. C'eft-là ce qu'on appelle communément le *Comble de la tentation.* La raifon de ceci eft la même que dans le premier cas. On doit encore fe fouvenir que nous fommes infiniment plus affectés de la préfence du mal que de l'abfence du bien ; & de-là

vient qu'on eſt beaucoup moins coupable lorſqu'on fait une mauvaiſe action pour éviter la torture , que lorſqu'on s'y porte par l'eſpoir de quelque récompenſe , à cauſe que les motifs de nôtre intérêt perſonnel ſont plus preſſans.

Dommage.

4. Rien n'augmente plus la vertu d'une action bienfaiſante que de pouvoir ſurmonter en la faiſant les ſollicitations importunes des paſſions intéreſſées , ſurtout les pertes temporelles , le travail , &c. car l'intérêt devient alors une quantité negative qui laiſſe après avoir été retranchée une ſomme plus grande.

5. La malice d'une action augmente à proportion que ſes mauvaiſes ſuites ont pû être prévûes par l'Agent , & cela particulierement par la même raiſon.

Maniere dont la connoiſſance de la Loi affecte les actions.

6. La connoiſſance d'une Loi qui dé‐ fend une mauvaiſe action, en augmente la méchanceté, en ce qu'elle augmente l'*In‐ térêt négatif* qui doit être retranché ; car il faut que le mauvais naturel ſoit alors aſſez fort pour ſurmonter tous les motifs intéreſſés qui nous portent à éviter le châ‐ timent, de même que tous les motifs qui nous obligent à avoir de la reconnoiſ‐ ſance pour le Légiſlateur. C'eſt-là ce qu'on appelle ordinairement *Pécher contre ſa Conſcience.*

7. Les ſervices qui n'exigent ni tra‐ vail, ni dépenſe, ont généralement peu de vertu, à cauſe qu'on a aſſez de capacité pour les rendre, & qu'on n'a

point d'intérêt contraire à furmonter.

8. Il peut cependant y avoir beaucoup de méchanceté à les refufer, à caufe qu'un pareil refus marque un défaut de *Bienveillance* & produit fouvent un *mal naturel affez grand.*

Dégré de Droit.

9. On peut dire en général que l'accompliffement *des Droits parfaits* d'autrui, a très-peu de vertu en lui-même, puifqu'il n'en refulte aucun nouvel avantage, & que l'intérêt qu'on a d'agir eft très-confidérable, foit pour éviter tous les maux qui accompagnent la guerre dans un état naturellement libre, foit pour fe fouftraire aux châtimens prefcrits par la Loi dans les Sociétés civiles.

10. Le violement *des Droits imparfaits*

ou même des Droits externes, est toujours extrêmement mauvais, tant par rapport aux suites, immédiates qu'éloignées de l'action ; & les motifs intéressés qui ont été surmontés par cette inclination vicieuse, sont les mêmes que ceux du premier cas.

11. Les actions & les services qui méritent le plus de louange, sont ceux que les autres exigent de nous par un Droit imparfait ; & l'on peut dire en général, que plus ce Droit est fort, moins il y a de vertu à le satisfaire, quoi qu'il y ait une malice infinie à le violer.

Force des différens Liens qui nous attachent aux hommes.

Un Lien plus fort quoique moins étendu de *Bienveillance*, en supposant les talens égaux, doit nécessairement procurer plus de bien à son objet, dans des *carac-téres également bons*, que des liens plus foibles. C'est ainsi que l'*affection naturelle*, *la reconnoissance & l'amitié*, produisent des effets infiniment plus grands que la *Bien-veillance générale*. Nous faisons de même plus de bien à nos amis, à nos enfans, & à nos bienfaiteurs qu'à ceux avec qui nous n'avons aucune liaison.

12. Supposons que deux Agens pro-duisent une égale quantité de bien, mais que l'un agisse par une Bienveillance universelle, & l'autre par un motif qui le touche de plus près ; il y aura bien plus de vertu dans l'Agent qui produit un bien égal par un attachement plus étendu, mais moins passionné, que dans celui en qui ce même attachement est plus violent ou plus passionné, & qui cependant ne produit pas plus bien que l'autre. Nous regardons

par la conſtitution même de nôtre Sentiment moral, la *Bienveillance univerſelle*,
comme un principe infiniment plus aimable * qu'aucune paſſion particuliere
que ce ſoit.

Voyez Sect. III. art. 9. l'Auteur ſuppoſe ici
queles hommes n'agiſſent qu'en conſéquence de
quelque deſir, de quelque inſtinct, de quelque
affection ou de quelque appetit particulier ; que
parmi ces liens de la volonté, les uns ſont éten-
dus & les autres bornés à une ou à un petit nombre de perſonnes. La premiere eſpéce dans chacune de ces diviſions, paroît manifeſtement plus
aimable ; d'où il ſuit, toutes choſes étant ſuppo-
ſées d'ailleurs égales, que le bien produit par
quelque attachement violent paſſionné & limité,
quelle qu'en ſoit la quantité, marque une vertu
infiniment moindre. Un certain Auteur prend
de-là occaſion d'objecter « que la vertu doit
» augmenter à proportion que nos deſirs, no-
» tre affection ou notre attachement diminuent,
» ou que nous agiſſons ſeulement par raiſon, ſans
» aucune affection pour quoi que ce ſoit. » Mais
il eſt aiſé de retorquer ce raiſonnement dans un
cas tout-à-fait ſemblable. Lorſqu'il eſt queſtion
de

13. Au contraire, l'omiſſion des bons offices auſquels nous ſommes obligés par des attachemens plus étroits, ou les actions qui leur ſont oppoſées, ont quelque choſe de bien plus vicieux que celles qui ſont contraires ou oppoſées à des liens moins forts ; puiſque notre amour propre ou notre malice doit paroître plus grande à proportion que les attachemens contraires qu'elle ſurmonte ſont plus forts. C'eſt ainſi qu'en coopérant avec la gratitude, l'affection naturelle ou l'amitié, nous témoignons bien moins de vertu, quelle que ſoit la quantité de bien produit, qu'en faiſant des actions d'une égale importance par un motif de *Bienveillance*

de la force des corps, la vîteſſe eſt d'autant plus grande que la maſſe eſt petite, tant que le produit de l'une par l'autre reſte le même ; & conſéquemment la vîteſſe eſt la plus grande qu'il ſoit poſſible lorſque la maſſe eſt zero.

générale.

générales : mais l'ingratitude envers un Bienfaiteur, la négligence qu'on témoigne pour les interêts d'un parent ou d'un ami, les mauvais offices dont on paye des bienfaits qu'on a reçûs ; sont infiniment plus odieux que ne le seroit une pareille négligence, ou de semblables mauvais offices envers un Etranger.

FIN.

FAUTES A CORRIGER.

Page 203, *ligne* 16, Agens immédiats, *lisez* particuliers.

Idem lig. 19, *lis.* Mais quand on voit que de tels Peuples ont subsisté malgré toutes les peines qu'il falloit prendre pour l'éducation de leur jeunesse, on a tout lieu de croire qu'ils n'étoient point dépourvus des sentimens naturels d'affection.

Pag. 199, *lig.* 17, par, *lif.* pour.

Pag. 200, *lig.* 8, *lif.* De même dans l'an-
cienne ville de Lacédémone, où le mépris des
richeſſes avoit introduit la négligence pour la
ſûreté des poſſeſſions ; & où ce que l'on ſouhai-
toit principalement ; comme une choſe avantageuſe à l'état ; c'étoit d'avoir une jeuneſſe
nombreuſe, hardie & ruſée ; le vol étoit ſi peu
odieux, lorſqu'il étoit fait avec dexterité, que
la loi même l'autoriſoit en le laiſſant impuni.

Pag. 304, *Traité* II. *lig.* 20, L'Amour
même, &c. *lif.* Un homme paſſionné trouve
dans la perſonne qu'il aime une Beauté dont
aucun autre que lui ne reſſent l'influence.